子どもの問題と「いまできること」探し

菅野 純

＊本書は、『月刊学校教育相談』2003年４月号から2005年６月号まで連載された「菅野純の相談室――先生、一緒に考えましょう！」が元になっています。

はじめに

いま、学校教育の場では、次のような問題が深刻になってていないでしょうか。

・子どもたちの心の問題が深くなってきている
・保護者との関係が難しくなってきている
・発達障害のある子どもの指導が、通常の学級で増えてきている
・スクールカウンセラーをはじめ、さまざまな立場の人が学校教育の場で子どもとかかわるようになり、その調整が必要となってきている
・土曜休日が授業や学校行事に少なからぬ影響を与え、日々の忙しさや指導の負担が教師の心と身体からゆとりをうばっている
・さまざまなストレスが、時に校内の人間関係をきついものにし、体調不良や精神的疲労におちいる教師が増えてきている

たとえば、子どもたちの生活の基盤でもあり、成長の基盤でもある家庭はどうでしょうか。子どもを守り、安定した生育環境を提供しなければならない親自身が、心身ともに揺らいだり、苦しんだりしている家庭があるのではないでしょうか。家庭崩壊に陥ったり、さまざまなストレスやトラウマをかかえた親がわが子を虐待したりすることもまれではありません。また、親となったものの、十分に社会性が育っておらず、わが子へのしつけや家庭教育がしっかりなされていない家庭もあります。

現代の教師は、子どものみならず親に対しても、心のエネルギーの補給や、大人としての社会性の獲得に心配りをしなければならないのです。

一方、「特別支援教育」がトップダウン式に学校現場に下りてきて、戸惑いをかくせない先生方も少なくないのではありませんか？　もちろんこれまでも通常の学級で指導の難しい発達障害のある子とかかわってきた先生もたくさんいることでしょう。しかし、そうした先生方は試行錯誤の連続だったのではないでしょうか。集団指導と同時に、個別指導の必要な子どもにも指導を行っていくことは、とても難しいことです。いま、多くの先生方が、学級での発達障害指導に取り組まなければならなくなってきているのです。

その他にも、不登校をめぐって学級担任や教育相談係、養護教諭、スクールカウンセラーなどが、それぞれのよさを活かしながらつながり、また、外部の専門機関とも連携するためにはどうしたらよいか、といった新たな問題もクローズアップしてきています。

＊

この本は、いま学校教育のなかで出会うこうしたさまざまな問題に対して、悩みながらも一生懸命取り組んでいる先生方との出会いから生まれました。そうした先生方と私が、「いま学校で、できること」を少しでも見つけようと知恵を出し合った結果、生まれた本とも言えるでしょう。

本書が、日本のどこかで人知れず地道に、心ゆたかに子どもたちとかかわっているあなたの傍らにあって、ともに歩むことができればと思っています。

また、これから教師や教育カウンセラーをめざしていく若いみなさんや、保護者の方にもぜひ読んでいただきたいと心より願っています。

菅野　純

もくじ

章扉イラスト／岡本愛子

第1章

「どんな子どもも受けとめられないはずはない」と悩む先生へ

家庭でかまってもらえない子の学校でのトラブル

すべての子を抱っこしてあげることはできないけれど、言葉はクラス全員を同時に抱っこしてあげられます

家でかまってもらえない子のトラブルが絶えません

どこの学校のどのクラスにも、家庭であまり面倒をみてもらえない子どもや、親に十分甘えることのできない子どもがいます。家族構成や親の仕事の状況によって、あるいは家族に病人がいたり、きょうだいがとりわけ手のかかる子どもだったりする場合、どうしてもそんなふうになりがちです。

A先生のクラスにいるB君も、そんな子どもの一人です。B君は、友達を理由なくたた

いたり、友達の作品をメチャクチャにするなど、トラブルを頻繁に起こすそうです。担任のA先生は、B君の家庭の事情を察し、休み時間などにはできるだけ自分の膝に乗せたりして、甘えられる時間をつくるよう心がけています。そんな時間が十分にとれた日はB君もなんとなく落ち着いていますが、先生にとって時間を確保することは大変なことです。また、A先生のクラスには同様の子がほかにも何人かいます。いまのところ目立ったトラブルを起こすのはB君だけなのですが、先生の膝に乗っているB君へのうらやましそうなまなざしを見るにつけ、限界を感じる毎日だとA先生は言われます。

原因が親子関係にありそうだと感じたとき

学校でのふるまいの中に、家庭でのその子の状況が透けて見えることがあります。子どもは家庭で得られるはずのくつろぎや甘え、愛情などを得ることができなかったときに、学校での問題行動という形で満たされない思いを吐き出すことがあるのです。

・家庭でその子の存在が大事にされない。
・必要なときになぐさめてもらえたり甘えたりできない。

・他のきょうだいと比べて叱られることが多い。
・家庭で楽しいことや認められることなどがなく、心のエネルギーが枯渇状態にある。
・放任されている。
・家庭にいさかいが多く心を安らげることができない。
・親からキャパシティー以上の課題が課せられている。

子どもは自分が家庭で危機的な状態にあることを、まだうまく言葉で吐き出したり伝えたりできません。カウンセリングでいう言語化ができないのです。言語化できずにパンクしそうな心は、行動という形で発散され、同時に表現されます(「行動化」といいます)。

質問を寄せてくださったA先生は、クラスの子どもたちに頻発するトラブルがそうした背景を持つものだと深く感じられたのでしょう。愛情飢餓状態になった子どもは、クラスをかき乱す問題を無意識的に起こすことで、心に溜まった毒を吐き出し、自分がいま危機的な状況で暮らしていることを教師に知らせるのです。

A先生は子どもの問題の表面にまどわされずに、本質的な問題をしっかりととらえていると思いました。だからこそ、難しさも感じられたのだと思います。つまり、問題行動の原因が、学校ではなく家庭における親子関係という教師の手の届きにくいところにあるときに、どうしたらよいか、と。

A先生は親の愛情に飢えた子どもに、自らが親代わりになって甘えを満たしてあげることで対応しようと考えました。それは、実際に可能なことなのでしょうか？

愛情飢餓が子どもにもたらすもの

この問題を考える前に、一般に愛情不足、愛情飢餓といわれる問題は、子どもにどのような影響を及ぼすのかを考えてみましょう。

人間の子どもは生まれた当初は生物的に大変無力です。かなり長い期間、授乳をはじめとするさまざまな養育行動と親からの身体的な保護を必要とします。しかし、この過程で、親と子には独特の強い情緒的つながりができるのです。さらに、子どもの存在が大切にされ、愛情深くかかわられると、子どもは心の中に、この世で生きていくのに欠かせないものを獲得していきます。

一つは、「人間っていいものだな」という「人間のよさ」体験です。他者信頼ともいえます。この体験は、親という身近な人から、次第に幼稚園や保育園の先生、そして友達に及んでいき、自分を取り囲む世の中に対する信頼にまでつながっていきます。

二つ目は、自分が「よい存在」であるという自己肯定感です。自己信頼感ともいえるでしょう。

三つ目は、元気や意欲の原動力となる心のエネルギーです。

四つ目は、情緒の豊かさと心の安定です。

子どもの心の状態を理解するときに、その子が、①自他への信頼感そのものが身についていない、②自他への信頼感は身につけているが、心のエネルギーや情緒が不足している、のどちらかであるかを把握しておく必要があります。

はたらきかけの方法

(1) 「親を変える」ことは可能でしょうか

親が変わればすべてが解決する――そう考えて親が変わるようはたらきかける場合があります。しかし、多くの場合うまくいきません。親は親なりに、これまでそう生きることで自分が何とかやってきたという思いを持っているからです。子どもの問題がよほど重症化して（例えば、家庭内暴力などで）親自身の存在を脅かさない限り修正は難しいのです。

また、親を呼んで説教したり苦情を言ったりすればするほど、わが子のために恥をかいたとそのとばっちりが子どもにいき、悪循環をもたらす例も少なくありません。「親を変えよう」と親に迫っていくのではなく、「結果的に、親が変わればいいな……」というくらいのスタンスでかかわったほうがいいのです。

(2)「親代わりになる」ことは可能でしょうか

私たちはまず、目の前にいる子どもにはたらきかけることが何よりも優先されるべきです。しかしその際、質問を寄せてくださったA先生のように、教師がその子の親代わりになろうとすることには慎重さを要します。

その理由は二つあります。

一つは、クラスには同じように先生との一対一のかかわり（二者関係）を望む子どもが他にもいるからです。また、本当は先生の膝に乗りたくとも何とかがまんして耐えている子もいるかもしれません。教師が親代わりのスキンシップ的な行為をすることで、クラスの子どもたちの心が波立ってしまうのです。

二つ目は、その子は、親が愛情を十分にそそいでくれないという現実の中で、これまでその子なりに何とか生きてきたわけです。そして、これからも生きてゆかねばならないのです。

たしかにその結果、問題行動を起こしているわけですが、一方でその子なりに身につけてきた生きる力もあるはずです。教師が親代わりになり、一時の夢を見させてしまうと、その子なりに身につけてきた寂しい中でも生き抜く力を骨抜きにしかねないのです。

(3)「先生＝他人のよさ」を体験させる

教師は親のように二者関係でかかわる人ではなく、みんなの先生でもあること、教師は親ではないけれども教え子の幸せと成長を願ってはたらきかける存在であること、この二つを子どもの心に届かせたいものです。

具体的には次のような方法が考えられます。

① 抱っこしたり膝に乗せたりという直接的スキンシップではなく、〝間接的なスキンシップ〟を駆使する。

〝間接的スキンシップ〟とは教育の言葉にほかなりません。言葉は同時に二人、三人……

クラス全員を抱っこすることができます。「一年二組、先生大好きだよ！」という言葉で、全員が先生に抱っこされ、心のエネルギーをもらえるのです。

② それでも先生にスキンシップを求めてくる子に「大人心」を育てる。

抱っこしたりすると、子どもは退行し赤ちゃんになってしまいます。教育のベクトルは正反対に向いていています。すなわち「大人心」を育てるのです。具体的にはお手伝いなどを一緒にします。少しいつもより硬めの言葉で伝えるといいでしょう。「一年二組のために、〝お手伝い〟してください」と。ふだん勉強などで自己発揮できない子どもへの発揮のチャンスとして、常日頃から、お手伝いをストックしておくとよいでしょう。終わったあとも、「君のおかげでこんなにきれいになりました。クラスのみんなも喜ぶでしょう」と大人扱いしてほめます。子どものほうは、先生との二者関係は満たされながらも、クラスに貢献するという認められる行動をとったことになるのです。

③ 親をいたわり大事にする。

「お母さんも大変だね」といたわりの言葉をかけられることで、親はいたわられる「よさ」を体験するはずです。いたわられる「よさ」を体験すれば、他者をいたわることまであとほんの一歩です。先生の投げかけた言葉が、親子関係のよい循環を起こさせるのです。

理解しがたい行動に恐怖すら覚えて

どんなに問題が多く重くても、その子が「そうならざるを得ない何か」を感じると、教師の気持ちと対応は深くなるのです

理解しがたい行動に怖さすら感じます

C先生の小学二年のクラスでは、マイペースで衝動的な男児の行動に、クラス中が振り回されているといいます。そのD君は、授業中平気で教室からいなくなり、校外にまで出てしまい、近所の家でいたずらして警察に通報されたことも何度かあるというすさまじさです。C先生は、この子がどうしてそんな行動をとるのかまったく理解できず、この先どうなるのかと恐怖すら感じると話されました。

D君自身は、「がまんできなかった」「しようがない」とまったく反省しません。先生に向かって「死ね！」などと悪態をつくこともあるというのです。

二重人格？　善悪の区別がつかない？

C先生は新卒二年目の女性です。明るく、真面目で、優等生としてすくすくと育ったという印象を受けました。しかし、C先生の口から語られるD君の行動は、彼女のそうした印象とはまったく対照的で、そのコントラストの鮮やかさが何だか悲しいくらいでした。

実際、D君の問題行動はすさまじいものでした。ふだんは許可がなくては使えない油性ペンを勝手に持ち出してクラスのみんなの机に落書きをし、「やったのは自分じゃない」と泣きわめきます。先生にも、「どうしてボクじゃないのにわかってくれないの！」と泣いて抗議しますが、数々の〝証拠〟を突きつけられると、しおらしく認めるのです。しばらく時間がたつと、「やっぱりやっていない！」と開き直ることもあります。「自分の中のワルイ自分がやった。でもいまはイイ自分だから、やっていない」と訴えるそうです。

こんなことで授業がつぶれてしまうことが、しょっちゅうあるとのことでした。

「泣いているときのD君と、開き直ってわめいているときのD君は、まるで別人のように見えるのですが、二重人格なのでしょうか？」と担任のC先生は尋ねます。

問題はクラス内ばかりでなく、学校内でも、地域の中でも生じています。例えば、よその子の自転車を無断で乗り回し、どこかに乗り捨てたり、学校から持ち出した極太油性ペンでよその家のドアに落書きをしたり……といった具合です。

「善悪の区別がつかない」「何を考えているのかさっぱりわからない」「どこかに障害があるのでは」といった言葉がC先生からもれました。

最近、新たな問題も生じています。

問題を起こしたあとなど甘えてきて、機嫌をとるように「先生、大好き！」と言ってきたりするのですが、そのうちにだんだんエスカレートしてきて、「先生のお尻が好き」「おしっこしているとこが好き」などと性的関心を向けてくるというのです。

「これまではかわいい面もあったのですが、そういう目で自分を見ているのかと思うと、怖くなって、D君を避けている自分に気がつきます」「ときどき、逃げたくなっている自分がいます」とC先生は正直に自分の気持ちを話されました。

子ども理解の方法

「なぜ、そんなことをするのか、まったく理解できない」と言うC先生。現象面を見る限り、D君とC先生に共通項はほとんどないでしょう。

子どもを理解する際、自分と似た面を持っていればいるほど、わかりやすいものです。しかし子どもの中にはC先生にとってのD君のように、持って生まれた資質も、生育環境も、学校体験もまったく異なる場合があります。さらに言うならば、同じような体験をしていたとしても、その体験を通じて何を感じたか、何を得たかとなると異なることも多くなります。そう考えてみると、私たちが他人を理解するというのは、どのような場合でも決して簡単ではないことがわかります。むしろ、なまじ「わかる」と思わないで、「わからない」という地点からスタートしたほうが、思い込みや思い入れなどで誤解を生じさせることがなく、相手への正しい理解に近づけるのではないでしょうか。

子どもの心を理解する方法としては次の方法があります。それぞれの特徴も記してみます。

①　**子どもから直接話を聞く**……簡単にできそうな方法ですが、年少児ではなかなか自分の気持ちを言語化できないことが多く、心の中に抵抗がある場合にもうまく話を引き出せません。「うそ」を考慮に入れる必要もあります。

②　**子どもの周辺にいる人から話を聞く**……親や友達、他の教師などから話を聞きます。子どもの気持ちそのものではなく、多分にその人自身の推測や思い入れなどが入りやすいので、それらの人がその子のことをどのように思っているか、感じているかに焦点を当てたほうがより有効な情報を得ることができます。

③　**子どもの生育歴から心の歩みを推測する**……その子の生い立ちを語ってくれる人の協力が必要です。得られた情報から子どもの心を推し量るためには、それなりの力量も必要です。

④　**子どもの環境から心の状態を推測する**……両親の職業、家庭の経済状況、住環境など、近年ではプライバシーの問題もからみ、詳しい生育環境について情報を得ることが難しくなってきました。

⑤　**子どもの表現（絵、作文、答案など）を読む**……子どもの表現したものにその子の心が

反映されていることがよくあります。これらを資料として子どもの心を読むためには、生育歴と同様それなりの経験が必要であり、一方的な決めつけにならないよう注意しなければなりません。

⑥ **子どもの行動を観察する**……すべての場面の行動を観察することはできません。教師が観察できるのは限られた場面だけです。それを少しでも広げるために、子どもとかかわる機会をできるだけ増やすこと、同僚教師の協力を得てその子について見知ったことを報告してもらうことなどを心がける必要があります。

⑦ **子どもを対象とした心理テストを行う**……小・中学生の場合、SCT（文章完成法テスト）、YG性格検査、親子関係診断検査、PFスタディなどがあります。私たちが開発したKJQも、小学高学年から中学・高校生に使うことができます。一定の時間を確保し、手順を覚える、費用がかかるなどの問題も考慮しなければなりません。

D君の心を理解するために

私はC先生と一緒にこれらの七つの方法によるD君理解を検討してみました。

まず①については、C先生なりにこれまでもよく試みられていました。ただ、どこからどこまでが本当なのか、C先生はだんだんわからなくなってきていました。話せば話すほどD君への不信感が強まっているようにも思えます。

D君の側に、先生に甘えたい気持ちや自分だけかわいがってほしい気持ちがつのり、逸脱ともいえる言動が出てくるような場合には、一対一の場面をつくらずに養護教諭と一緒に会うなどの工夫が必要です。

また、問題が起きたときだけの関係とせずに、何事も起こっていない、むしろD君の調子がよいときなどに面談することが大事です。心にゆとりがあるときには、もっと心を開くこともできるでしょう。D君の大人心にはたらきかけることもできるはずです。

②についてはどうでしょうか。D君のお母さんが仕事を終えるのは毎晩八時過ぎとのことでした。C先生は、はじめスクールカウンセラーとの面接をすすめたのですが、断られたそうです。

C先生が自分より年上の、問題を持つ子どもの親との面談を苦手に思う気持ちはわかりますが、はじめからスクールカウンセラーを紹介したのはまずかったと思います。親のほうは「担任の先生から見放された」と感じてしまうからです。学級担任と親とで十分話し合って、それでも時間や話題、その他の問題で、担任以外の人との面談も必要だと親が納得したとき、はじめてカウンセラーとの面接が有効になるのです。

③④については限られた情報しかいまのところわかりません。両親が一年前に離婚したこと、お母さんの実家のある地域に転居してきたこと、D君は父親から虐待を受けていたらしいこと、中学生の兄は不登校状態であること、母方の祖母が重病で入院中なので、母親は仕事と介護で大変なこと、などです。

私はC先生に、「先生はこうした体験をしたことがありますか?」と尋ねました。答えは「いいえ」でした。「私もありません。これからの時代、教師やカウンセラーの体験をはるかに超えた過酷な体験の持ち主である子どもが、私たちの前に現れるのではないでしょうか。D君もその一人だと思います」と私はC先生に伝え、一緒に、D君のような生育歴の場合、どのような心の体験をするのかを考えてみました。

「離婚」……それまでの父母のいさかいによる(親和モデルでなく)たたかいモデルの観察学習、家庭が揺らぐ不安、守り手のいない心細さ、大人不信

「転居」……これまで自分が獲得してきたものの喪失、孤独、自分の意思ではどうにもならない無力感

「虐待」……心の傷、怒り、憎しみ、自己否定感
「兄の不登校」……家庭内の葛藤、不登校モデル、不規則生活モデル、マイナスの学校体験
「祖母の入院・母の仕事過重・介護」……かまわれなさ、だれにもぶつけられない欲求不満、愛情飢餓
など

残っている方法

⑤〜⑦については、まだ試みていないことばかりでした。しかし、C先生は私との会話の中で、D君が「そうならざるを得ない何か」をたくさん発見したようでした。C先生が新たな決意を持っていることが感じられたのです。

どんなに問題が多くても、重くても、その子が「そうならざるを得ない何か」を少しでも感じることで、その子への気持ちとはたらきかけが、より深いものへと変化していく存在が教師なのだなあ、と私はあらためて発見したのでした。

担任が子どもの問題行動にうちのめされるとき

教師自身の変化が、子どもの行動に反映することがあります

二人の男子のふるまいに心がかき乱されます

小学五年生のクラスを受け持っているE先生は、二人の男子が〃つるんで〃授業を妨害するのに悩んでいるとおっしゃいます。指示には一切従わず、いくら約束しても平気で破り、勝手気ままにふるまう彼らに、E先生は自分でも冷静さを失ってしまうことがあるというのです。最近では、クラスの雰囲気も悪くなり、彼らに呼応して指示を無視したり、反抗的な態度を示す子どももも出てきたそうです。

さわやか先生の挫折

教員歴一〇年の男性のE先生。長身で、スポーツマン。まだ青年の面影が残っているさわやかな印象の先生でした。しかし相談に来られたときには精神的にまいっているためか、ずいぶん沈んでおられました。これまでの教師生活は迷いも挫折もなく、子どもたちからも保護者からも人気があり、とても順調だったそうです。子どもへの指導に「これまで味わったことのない難しさ」を感じるようになったのは、今年、三度目の五年生の担任になってからです。

はじめて五年生を担任したときは教師になって二年目、まだ子どもたちの兄貴的な存在で、放課後も一緒にサッカーをしたり、休日に川遊びに行ったりと、毎日が楽しく充実していたとのこと。いまでも高校生になったそのときの子どもたちとの交流が続いているとのことでした。当時の様子を話していくうちに、はじめ元気がなかったE先生の表情がずいぶん生き生きとしていくのに私は気づきました。

今年、新たな学校に転勤し、いまのクラスの担任になりました。しかし、今度のクラスは、前の学校や前々校で担任した五年生とどこか違っていました。冷めていて、盛り上がらないのです。

E先生のほうはいろいろ投げかけてみるのですが、最低限のことをすればよいという姿勢で、前向きに取り組んだり、自発的に何かするということがありません。たまにそうした発言や提案が出ると、からかいや揶揄する言葉がどこからともなく出てきます。それもはっきりとしたかたちではなく、つぶやくような声で。E先生はそうした見えない妨害に、クラス全体が支配されているようにも感じました。

新クラスに違和感を感じながらしばらくするうちに、E先生はそうした妨害の中心人物がF君とG君という二人の男子であることをつきとめました。

E先生の心をかき乱すF君、G君の行動はこんなふうです。

・集合時間や場所、持ち物などの指示についてまったく従おうとしません。友達が呼びに行くまで勝手に過ごしています。

・教師の隙をみては素早く妨害行為を行い、そ知らぬ顔をしているので、注意することが難しいのです。

・授業中、二人にしかわからない合言葉を発して連絡を取り合っています。合言葉は「テンドンドン」といった意味不明の言葉だったり、「ケーッ」といった奇声だったりしますが、最近では、こうした妨害が入ると授業の緊張が崩れ、クラス全体がざわつくようになってしまいました。

・きつく注意すると、表面的には謝りますが、平気で同じことを繰り返します。最近では教育に自信がなくなり「なぜ自分はまだ子どもの二人にそんなに振り回されるのか？」と思うと情けなくなってしまうとのことでした。

個別的アプローチとクラス全体へのアプローチ

問題の二人にターゲットを絞ったアプローチと、クラス全体に対するアプローチとが必要であると私は思いました。Ｆ君、Ｇ君への個別的アプローチでは、次のような情報を押さえることが必要です。

① Ｆ君、Ｇ君の心理状態（これまでの自分をどうとらえているか、いまの自分をどうとらえているか、学校での自分をどうとらえているか、将来にどんな希望を持っているか、親やきょうだい、教師にどんな願いを持っているか、うれしいこと・楽しいこと・悲し

いこと・くやしいことは何か、など）

② 家庭的背景（親はこれまでどんなことを願って育ててきたか、いまのわが子の状態をどのように感じているか、わが子の性格や長所・短所をどのようにとらえているか、親に対して子どものほうはどうかかわっているか、きょうだいや祖父母に対してはどうか、親はどんな子になってほしいと思っているか、問題の原因について家庭の中に思い当たることはないか、など）

③ F君、G君の問題以外の側面（帰宅後の生活スケジュール、活躍している側面、評価されている側面、努力している側面、など）

④ F君、G君の前学年での様子（成績、校内活動、問題行動、など）

①についてはクラス全体にSCT（文章完成法テスト）をすることをすすめました。SCTは「小さいとき、私は……」「私がうれしいのは……」など、不完全な文章を自分なりに完成させる心理テストです。子どもたちの内面がさりげなく表現されていることがあります。②については保護者と、③についてはF君、G君と個々に面接することで得ることにしました。④は前担任から得ることができました。

クラス全体へのアプローチとしては、E先生の気持ちの切り替えが必要であると思いました。

ＳＣＴで明らかになったこと

Ｆ君、Ｇ君への個別的アプローチで明らかになったことはたくさんありました。特に、これまでＦ君とＧ君はやることなすことがいつも同じなために、Ｅ先生から見ると同じ性格、同じ能力に思えたのです。しかし、二人のＳＣＴを比較してみると、共通点もありますが、ずいぶん異なる面もあることがわかりました。二人に共通していたのは、自己イメージが低いこと、意欲はありながらうまく発揮できない焦りのようなものを感じていること、きょうだいと比較する親に不満を抱いていること、先生にもっと認められたいと思っていること、家庭の雰囲気が窮屈で重苦しいと感じていること、などでした。

その一方で、Ｆ君のほうは自分がクラスの皆から嫌われているかもしれないとやや反省的な内容を記しているのに対して、Ｇ君のほうはクラスの他の子どもたちを見下すような内容でした。家族への思いもＦ君は不満を抱きながらも自分も悪いと認めているのですが、Ｇ君の家族への感情はかなりクールで、これまでの家族体験に深い問題があるのではないかと感じました。これまでより輪郭がくっきりしてきたF君、G君の心をふまえて、E先生は、F君、G君との個別面談と親との面談を考えています。

E先生へのコメント

思春期前期の男の子の心理

男の子にとって思春期前期にあたる小学五、六年は生きがたい時期だと思います。この時期、男の子は心と行動が一番離れるのではないでしょうか。心の中に湧いてくるさまざまな感覚や感情、思考、構想、希望、願望、夢……などをまだうまく言語化することができないのです。言っていることとやることがかけ離れてしまったり、思っていることとは大幅にズレたことを言葉に出してしまったり、そこまで言うつもりではなかったことを言ってしまったり、という危うさが常につきまといます。

もう一つ男子にとって大事なことは、この時期、性衝動が急激に出現することです。自分の中に登場した性という未知のものを、どのように自分の心と身体、そして生活の中に位置づけるかについて、人知れず悩む時期でもあるのです（女の子は男の子よりなだらかなカーブで成長します。言語化する能力は男子より一歳以上早くに成長します。思考や感情も男子に比べればよくまとまっており、男子よりずっとバランスよく、大人びていきます）。この時期の男子は、①成長の指針となるような成長モデルと、②何を行うべきかをはっきり示す行動規範、③明確な行動目標、などを無意識に求めます。しかし、それらをうまく得られない場合、男の子はあっちにぶつかりこっちにぶつかりしてトラブルの多い歩みとなってしまうのです。

F君、G君の問題行動の背後にあるもの

F君も、G君も先生から認められたいと強く思っていることが、SCTからわかりました。認められたりほめられたりすることで心のエネルギーを得、自分の存在の確かさを確かめ、先生から見守られたり応援されたりしながら、何かに向かって歩みたいと願っているのではないでしょうか。そうした気持ちがあっても自己イメージが低いため、プラスの行動ではなくマイナスの言動で先生の注意を引き続けては問題を起こしているともいえます。

自分の変化に気づくこと

これまでE先生は、特に何かを心がけなくても十分に男の子の成長モデルとなり得ました。子どもたちとの年齢差が小さく、子どもにとっては年齢的に身近な大人だったのです。放課後や休日、子どもたちと一緒に遊んだり活動したりすることも、子どもたちの心の近くに存在できた理由でしょう。しかしいまの立場はずいぶん異なります。校内でも責任ある役割を持ち、出張も多くなり、家庭も持っています。クラスの子どもたちにとって、「お兄さん」から「お父さん」に近い存在になってきているのです。子どもたちが親に向けたい感情がE先生に向けられることもあるのではないでしょうか。これまでのように兄貴感覚で子どもたちとかかわろうとすると、子どもたちのほうは何か居心地が悪くなり引いてしまうのではないでしょうか。「子どもが変わった」と思うときは、まず自分はどう変わったのかの検討から入るとよいでしょう。ありのままの自分を正面から見ることが求められるのです。

子どもを比較しない

新たに子どもと出会うときには、できるだけ心をリセットしておくことが大切です。自分が過去にかかわった子どもたちを基準に比べてしまうと、子どもや保護者との人間関係づくりに必ず失敗してしまいます。いまのままではクラスの子どもたちが先生からの愛情飢餓に陥るのではないでしょうか。気持ちを切り替え、いま、目の前にいる子どもたちのよいところをできるだけ発見し、それらをたくさんフィードバックしていくことが大切だと思います。

学校生活であらわれるSOSのサイン

子どもの行動から「SOSのサイン」を見分けるために、私たちにできることを考えてみました

SOSのサインをどう見分ければよいのでしょうか

「子どもに関する大きな事件が起きるたびに、事件の予兆や兆候すなわち『SOSのサイン』が問題になります。『サインが出ていた』『サインを見抜けなかった』というように。時には、サインに気づかなかった学校側が問題視されることもあります。

しかし、子どもからのサインは本当にあるのでしょうか？　もしあるとしたら、どのようにして見分ければよいのでしょうか」

ある先生からこんな質問を受けたのをきっかけに、子どもの行動から「ＳＯＳサイン」を見分けるために私たちにできることを考えてみました。

ＳＯＳのサインは本当にあるのでしょうか？

手元に、二〇〇四年に起こった佐世保市・小六女児殺害事件の新聞切り抜きがあります。そこにはこんな見出しがついています。「予兆、把握できず」。記事によると、そのような表現が県の教育委員会が発表した事件に関する報告書に出ていたことがわかります。それが見出しとなったことは、その新聞もその見解に同調していることを示しています。記事は事件の予兆として「交換日誌のトラブル」「(加害)女児が教室で小説をよく読んでいたこと」「その小説の中身」「(加害)女児が文集の作成など担任教師の仕事をよく手伝ったこと」などをあげています。そしてこう結論づけます。「担任はこれらの予兆をほとんど把握していなかった」。

私はこの記事を読んで「うーん」とうなってしまいました。

いつごろからでしょうか？　子どもの事件のたびに「ＳＯＳのサイン」が話題になるよう

になったのは。私の記憶では一九八五年、神奈川県横浜市の小学五年生の男児が高層ビルから飛び降りて自殺したとき、マスコミなどが大々的に話題にしたことを覚えています。

少年と学級担任の先生との間で以前からさまざまな心の行き違いがあり、「学校を破産させる」と級友に述べた少年を、担任はクラスの子どもたちの前で詰問し、少年に対して「心がまがっている」「将来はない」「精神病院行き」などと言います。少年は担任から課せられた反省文を書いたあと、ビルから飛び降りてしまうのです。

その後、学級担任や学校に対するマスコミのバッシングの最中、さらに追い打ちをかけるように「自殺のサインが出ていた(それを見抜けなかった)！」という記事が報じられました。それは少年が図工の時間につくった卓球のラケットに描かれた絵でした。片面にはピエロのような顔、もう片面には苦しげで恐ろしげな人の顔が描かれていたのです。この絵に自殺のサインが出ていると、当時だれが言ったのかは定かではないのですが、このニュースはまたたく間に広がったことを記憶しています。

当時は、中学校での校内暴力事件と年少児の自殺事件が世の中を騒がしていました。私はまだ地域の教育相談員をしていましたが、この事件の直後、ＮＨＫから依頼を受けて、若いプロデューサーとともに「子どもからのサイン――思春期の入り口で」というテレビ番組作成にくわわり、親向けの番組に初出演しています。そのときに、いわゆる問題行動のサインについて、プロデューサーとさまざまな事例を調べ、何度も話し合いましたが、サインに気づいて事件を未然に防ぐことは非常に難しく、多くは事が生じてから「あれがサインだったかもしれない」と気づくものではないか、と二人とも内心では思っていました。

難しい未然の防止

実際、何か不穏なものを感じて対処しても、果たしてサインに気づき対処したから問題を未然に防ぐことができたのか否かは、わかりません。一方で、いくら気をつけていても問題が生じるときには生じてしまいます。おまけにサインに気づいていないと、学校や教師は世の中から非難されます。さらに、いまでは、問題のサインと感じて対応することが「心配しすぎ」「やりすぎ」「騒ぎすぎ」などと非難されることさえあります。

私たちは「問題行動のサイン」をどのようにとらえ、どのように活用したらよいのでしょうか。

サインのとらえ方

いま、私は問題行動のサインについて次のように考えています。

・子どもは無意識のうちにＳＯＳを出すサイン行動を起こすことがあります（「〝遺書〟の下書きをだれもが見える机の上に置き忘れる」「お母さんも死にたいと思ったことがある？　などと聞く」）。

・しかし、問題のサインとして何らかの行動（現象）を起こすことはあっても、それは必ずしも問題と直線的に結びついているわけではないのです（例えば、「気味の悪い絵」＝自殺のサイン、などと単純に結びつくものではない）。

・サインはメッセージとしてはあいまいで不完全なものであり、ズレや誤解も生じやすいものです。

・サインは発し手と受け手があってはじめて問題防止の役割を果たします。

・ふだんの様子をよく知ることで、ふだんとは異なる行動を何らかのサインと感じることができます。その他、受け手の子どもとかかわる姿勢や感性がサインの受信を大きく左

表　学校生活であらわれる子どものサイン行動

サイン行動	サイン行動の意味と留意点
・急に落ち着きがなくなる	・心が不安定(家庭不和、きょうだい差別、愛情飢餓) ・思春期になると、自己臭恐怖や強迫観念(例「鉛筆を持つとお母さんが死ぬかもしれない」)による場合もある
・教室からふらっと抜け出す	・情緒不安定＋愛情飢餓(先生に自分だけを相手にしてほしい)
・手いたずら	・心の葛藤 ・「身体を絶えずかきむしる」「髪の毛を抜く」「爪咬み」といった神経性習癖異常になることも
・無気力	・あらゆる問題行動のサイン ・常に無気力なのか、ある特定の場面で無気力なのか確かめる
・かんしゃく・乱暴	・欲求不満(多くは愛情欲求の) ・やられている子どもの痛みを感じないときは重症
・完全癖、他人に厳しすぎる	・息切れのサイン(ゆとりがあれば柔軟で寛容になれる) ・「全か無か」的行動に陥ることがある
・赤ちゃんぽい行動・すぐ泣くようになる	・甘えが満たされない ・周囲の期待に応えられない ・オーバーワーク状態である
・職員室や保健室に用もないのに入りたがる	・いじめ、からかいの被害にあっている ・教室に居場所がない
・残虐な行為	・心の中で重く不安な現実が進行中である ・恐怖感や不安感、攻撃心などが増大し、きわめて不安定な状態になっている。その一部を吐き出して心の圧力を抜いている
・ノートの文字の乱れ	・筆圧がきわめて弱くなったり、かぼそくなったり、判別しがたい字になる……うつ状態、精神的エネルギーの枯渇、状況判断力の欠如 ・乱雑な不揃いな文字……感情コントロールの危機
・絵を描こうとしなくなる	・心の中に絵のテーマに対しての抵抗がある(「母の日」にお母さんの絵を描けない、など)
・恐ろしげな絵を描く	・恐怖症状にとらわれている ・心の中に大きな葛藤を抱えている ・心配してほしくて先生の気を引く
・萎縮した絵を描く	・うつ状態 ・自信喪失 ・いじめなどの友人関係の問題がある、クラスでのびのびできない ・劣等感やコンプレックスが心を押しつぶしている

右することにも留意したいものです。
・サインに気づいたあとの事後処理や対応の適切さがサインの価値を決める。
私なりに、学校生活にあらわれる子どものサイン行動を前頁の表にまとめてみました。

子どもからのサインに気づく教師とは

表にまとめたような行動を、時に問題行動のサインと感受することができるためには、次のようなことに心がけたらどうでしょうか。
① 子どもに対して常に温かい関心を持つ。
② 子どもの行動の表面にとらわれることなく、「そうせざるを得ない何か」を考える姿勢を持つ。
③ ふだんから子どもとかかわることを心がけ、さまざまな場面で子どもの姿に接する。
④ 心にゆとりがあるかどうか自覚的である。
⑤ 自分の内にあるこだわりや偏見に自覚的である。
⑥ 子どもとのコミュニケーションの手段を幅広く持つ。

⑦　答案や心理テストなどのデータをフルに活用する。

サインに気づいたら

(1)　子ども本人へのサポート

まずは本人について心を配ります。これまでの出席状況や成績の変化などを見直したり、答案や作文、図工作品なども もう一度丁寧に見てみます(不登校になった女児の答案の裏に、薄い字で「せんせい、わたしのことかわいがってください」と書かれてあったことがありました)。前担任や専科担任、養護教諭などにも相談し、情報を整理します。

その上で個別面談の機会をつくるとよいでしょう。まずは、先生が見守ってくれている、心配してくれていると伝わるだけでもよいのです。

(2)　校内連携

問題が深刻な場合は校内にオープンにし、協力を求めます。その子についての情報が多面的に集まったり、担任の見えないところでサポートされることが増えていくはずです。

(3) 保護者との連携

保護者にも必要に応じて伝えます。その場合、「先生に迷惑をかけた」「親に恥をかかせた」などと、サインへの気づきが裏目に出ないように注意が必要です。親を責めないことがポイントです。

常日頃の「何事も生じていないときの関係」がものをいいます。

親もゆとりのない状況で生きていることが少なくありません。親の心にゆとりを生み出す面談にしたいものです。

思春期の入り口にいる子どもたちの心理

エネルギーの行き場を失う子どもたちと、〃育児後〃の生き方を問われる親たち

思春期の入り口にいる子どもたちの心のとらえがたさ

「小学校の養護教諭をしています。以前から、高学年の子どもたちの一部に見られる一種の心の〃すさみ〃が気になっていました。そんな中での一二歳の男児による幼児殺害事件と女子小学生監禁事件。この時期の子どもたちの心のとらえがたさを強く感じました。思春期前期の子どもの心理の特徴と、教師や親として心がけるべきことを教えてください」

ある先生からこんなお手紙をいただきました。

小学校高学年から中学校にまたがる、思春期の入り口にいる子どもたちの心理を、親の世代の生き方の変化との関係にもふれながら整理してみましょう。

「一二歳」の周辺

かつて今回のように「一二歳」という年齢がキーワードになったことがありました。一九七〇年代後半のことです。当時、子どもの自殺が相次ぎ、一九七六年には、一二歳で飛び下り自殺した少年の遺稿集『ぼくは12歳』（筑摩書房）がベストセラーになりました。子どもの自殺は一九七九年をピークに減少しはじめ、やがて教育現場では校内暴力の嵐が吹き荒れるようになります。

思春期前期は小学校と中学校にまたがり、子どもにとっては環境が大きく変わる時期です。同時に、子どもの心身にも性徴の発達など大きな変化がもたらされます。これらの変化があいまって大きな波となり、多くの子どもは大なり小なりこの大きなうねりに翻弄され、子どもによっては波間に沈んでしまう子もいるのです。

この時期、子どもには次のような特徴が見られます。

(1)　男女の差が大きく開く……

小学校六年生のクラスで奇妙な光景が見られることがあります。女子の何人かは男子よりも身体が大きく、しっかりしていて存在感がきわめて強いのです。勉強も運動もよくでき、児童会などのリーダーも女子であることが少なくありません。かたや男子のほうは、身体もまだ小さく行動も幼いために、クラスの印象がひどく不釣り合いに見えるのです。

この時期、女の子は男の子と精神的にも肉体的にも釣り合わなくなり、同学年の男子では物足りなくなることでしょう。女の子が一番光輝く時期とさえ思えることがあります。

しかし、いくつかの落とし穴もそこにはあります。一つは、周囲の大人も女の子をもう一人前の大人と錯覚してしまうことです。そこからさまざまな問題が派生してきます。

もう一つは、このピークの時期を過ぎたあとの女子の歩みの難しさです。何でもこなせ怖いものなし、まさに人生のピークだった女子が、中学・高校となるにつれて〝失速〟してしまうことが少なくないのです。まず身体と運動能力の両面で男子に追い抜かれます。以前は取るに足りないくらい小さく冴えなかった男の子が、どんどん自分を追い抜いていくのです。勉強の面でも差が開いてきます。こつこつと真面目にやっても、一見ちゃらんぽらんに見える男子にかなわなくなるのです。

本当はこの一見停滞している時期こそ、女子は男子とは異なる面での能力(例えば、審美的能力、養育的能力、行動のまとまり、言語的能力など)が発達する時期でもあるのですが、周囲が相変わらず男子と同じ視点でしか見ようとせず、その子のふがいなさを責めたりすると、女子は窮地に追い込まれてしまうのです。

(2) 女の子の言動にすさみが見られるようになる……

女の子の一部にすさんだ——例えばその子の問題を注意しても、自分の非は棚に上げ「どうして私ばかり」と反対に教師に不平不満を言うなど——行動が見られることがあります。親や教師は、女子が素直ではなくなり、悪くなっているという印象にとらわれてしまいます。

しかし、こうしたすさみの背景には、男子より一足早く訪れた認識力の発達が隠れているのです。まず、比較する能力の発達によって、さまざまなものを比較するようになります。「お母さんは妹には甘いのに、なぜ私には厳しいのだろう」「友達の家に行くと家族旅行の写真などがいっぱい飾られているのに、うちには一枚もない」……などと、比較して知る自分の過去や現在が悲しいものであったり、みじめなものであったりしたとき、子どもは不当感にとらわれることがあります。それが学校で吐き出されると、「どうして私ばかり」といった言動になってしまうのです。

見えないものを見る能力もこの時期の女子は身につけます。見えないものの最たるものは「関係」です。いままで漠然としか見えてこなかった両親の関係や嫁姑など家族関係が、子どもにはこれまで以上にくっきりと見えてくるのです。

両親が不和で、これまではお母さんがかわいそうだ、少しでも喜ばせたいとけなげにがんばってきた少女に、もう少し深い両親の関係が見えてくることがあります。「たしかにお父さんも悪いけど、お母さんだって冷たい。どっちもどっちだ」と認識は変わり、それまでの自分が母親の言葉に振り回されていたことを知って以来荒れていたことが、カウンセリングを通して明らかになったことがありました。

(3) 性の問題に揺れる……

男の子にとっては性の問題はきわめてやっかいです。身体の内側から激しく突き上げる性衝動を、自分の心と身体にどう位置づけていいのかわからずに長い模索の旅が始まります。また、現代の子どもの周囲に存在する性刺激は、昔とは比べものにならないほど過剰です。加えて容易に手に入りやすくなっています。

この時期、性に関して語り合える友達がいるか否かはとても大事なこととなります。仲間と性に関する情報交換をしているうちに、悩んでいるのは自分だけではないこと、自分の性徴が決して異常ではないことを知るのです。また、小説や伝記・自伝ものなどを読むことによって代理体験をしていくこともあります。代理体験によって内面的な発達をとげるのです。しかし、性の悩みをだれにも語れず、読書体験も少ない子どもは、暗闇の中を手さぐりで歩むような不安にとらわれることが多いのではないでしょうか。

(4) 成長モデルが見えなくなる……

先生や親が言っていることとやっていることが違うことを知り、モデルとして色あせてくるのもこの時期です。身近なモデルの代わりに歴史上の人物などに成長のモデルを見いだす子もいますが、未来への希望を失ってしまう子も少なくありません。

(5) エネルギーの行き場を失う……

子どもによっては、中学受験という身近な目標に取り組む子がいます。また、遊び的要素がなくなり、少しずつ専門的になる習い事に打ち込む子もいるでしょう。しかし、これまで通っていた塾や習い事をやめる子どもも少なくありません。より専門化していく分だけ、習い事を支える家族の応援が必要になるからです。本人は続けたくとも費用など親の負担の面で「そこまでやらなくても」と言われ、習い事に挫折する子どもも出てきます。

学校生活には慣れ、新奇な刺激も得られないまま、新たに挑むものもなくなることで、エネルギーの行き場を失う子どもも出てきます。

持て余したエネルギーを手の込んだいじめに使ったり、親や教師には見えない場所での逸脱行動に費やす例も見られるようになるのです。

思春期前期――親とのかかわり

この時期、親との関係では次のような問題が浮き彫りになります。

(1) 「手がかからなくなった」と放任される……

直接的には手がかからなくなるため、そして子どもなりに自立への欲求が出てくるために、親のほうは子どもとの関係に少しずつ距離をとっていきます。中にはまったく〝大人扱い〟してしまう場合もあります。しかし、子どものほうではこれまで述べてきたような変化のために心が不安定になり、自立したい気持ちと依存したい気持ちとの間を揺れ動きます。いわゆるアンビバレントと呼ばれる状態になるのです。

自立の側面だけを見て放任してしまうと、子どもは荒野に一人突き放されたような気持ちになってしまうのです。

(2) 親も自分自身の問題に関心が移っていく……

少子化とともに、親、特に母親のライフサイクルも昔とはだいぶ異なってきました。現代では、子どもが手を離れてもまだ長い年月が自分の前に広がっています。この時間を今度は自分のために使いたいと思う気持ちは自然なことかもしれません。早々と親を卒業し、女性として、一人の人間としての自己実現の道を歩もうとする親もいることでしょう。

しかし、ここにも難しい問題が横たわっています。急に一人の女性へと変身してしまった母親をうまく受けとめることができない子どももまだ多くいます。そうした困惑が、性衝動からくる不安や未来の見えがたさとも混じり合って、大人にはわかりにくい行動につながることもあるのです。

いま、大人として

思春期は子どもにとっても親にとっても試行錯誤の繰り返しです。すったもんだしながら互いを理解し合っていくほかないのです。次のようなことを心のどこかにとめながら。

・子どもの「大人の面」と「子どもの面」をよく把握する。
・子どもに基準をきちんと示し、それが親・教師として子どもを守りたい気持ちと成長を願う気持ちからくるものであることを、はっきり伝える。
・大人の世界の怖さや、世間のルールなどを必要に応じて教えていく。
・子どもの生活をときどき立ち止まって見直し、生き生きしているか、ニコニコしているか、重く思い悩んではいないかなどに配慮する。
・人に何かしてもらうばかりでなく、してあげる大人心を育てる。

第2章

「保護者ならこうするはずなのに……」と悩む先生へ

学校でのわが子の暴力を認めようとしない保護者

親との話し合いは、たたかいではありません

「家ではいい子」と取りつく島のない親との対話

H先生が担任される小学校六年生のクラスには、女子に突如暴力を振るったり、注意した女性教師に椅子を投げつけたりといった問題をよく起こす男子がいます。

学校ではほとほと対応に困って保護者にも相談しようということになりました。ところが、来校された母親に事実を伝えても、「家では問題ありません。クラスに原因があるのでは」と、けんもほろろな対応です。

学校では、教師が興奮したその子を身体を張って押さえつけ、暴力を振るわれた子どもの家庭に監督不行き届きを謝罪する毎日です。とりわけ担任のH先生は、いつまたそんな騒ぎが起こるかと気を抜くこともできず、帰宅するとぐったり疲れているそうです。

それなのに母親にそんなふうに返されると、H先生は体中の力が抜けるような無力感に襲われたり、母親に負けてなるものかとムキになったりして、自己嫌悪に陥ることもあるといいます。

取りつく島のない返事

もし子どもが、温かい家庭の中で、親から十分に愛され、きょうだいや祖父母からもかわいがられて育ったとすれば、このような問題は生じないでしょう。

質問を寄せられたH先生も、何らかの原因がその子の家庭生活の中にあるのではないか、あるいはその子の保護者しか知らない生育上の事情があるのではないかと思って、学校でのその子の問題を母親に伝えたのだと思います。原因を解明して少しでも効果的な指導をしようと。また、家庭でも同様の問題があれば、保護者も困っているだろうから一緒に協力してやっていこうと。

しかし、母親からは何とも取りつく島のない返事が返ってきてしまいました。母親は原因が家庭にあると認めようとしないばかりか、学校での問題行動の原因はクラス内にあると思っている様子です。「母親は本気でそう思っているのだろうか?」「家庭の問題を何か隠しているのではないだろうか?」といった疑念が湧いてきたり、「学校ではその子の指導にこんなに大変な思いをしているのに、親の、この非協力的態度は何だろう」といった批判的な気持ちも生じてくることでしょう。結果的に、親との関係は敵対関係に近くなってしまいます。

まず、このような親の返事の背景を考えてみましょう。

あれこれ推し量る

母親の不可解な言葉や態度について、いくつかの背景を考えてみましょう。

① その子が、学校での行動と親の前での行動を完璧に使い分け、家では「いい子」であるために、母親は先生の言うことが信じられない。

②　家でも何らかの問題が生じているが、学校でのストレスが原因なのだろうと推測し、そのことへの対策を講じない先生に不信感を抱いている。

③　家でも気になる問題が多発しているが、親の学校不信感が強く、わが子の問題を教師とともに考えることを拒否している。

④　わが子の問題の原因が家庭にあることにうすうす気づいているが、それを認めたくない、あるいは家庭の事情を知られたくないという抵抗感が強い。

⑤　わが子の問題の原因は家庭にあるとはっきりわかっているが、自分の力だけでは改善ははかれないと無力感にとらわれており、問題を回避したいために「クラスのせい」にしている。

こんなふうに、「取りつく島のない」言動の背景も微妙に異なるかもしれません。こちらの思い込みだけで①～⑤のいずれかに固定してとらえてしまうと、母親の心とズレた対応になってしまうことでしょう。「そう言わざるを得ないのは何かがあるのだろうな」と母親の気持ちを推し量りながら、あれこれ考えては修正していく態度を身につけていきたいものです。

「不信感」が根にある場合

この母親の場合、先生もしくは学校への不信感があることがわかります。このような場合、それが教師や学校、教育一般への不信感なのか、それとも、他ならぬ担当の教師個人に対する不信感なのかを確認することはきわめて大切なことです。

もし当面の出来事以前の問題……例えば母親自身の子ども時代の学校体験の中で、学校や教師に対してマイナスのイメージができあがったとすれば、時間をかけてこの不信感を和らげていくほかありません。「せめて私との関係だけでも、学校や教師とのいい体験となるように努力しよう」と実践していくしかないのです。

しかし、もし不信感の原因が担当の教師の指導や保護者へのかかわりにあるとするならば、まずはその不信感の原因を取り除かなければなりません。

教師への不信感が生じやすいのは、学校での子どもの問題を親に伝えるときです。つまり、教師のほうでは、親の協力を得ながらその子の問題に取り組んでいきたいと思った入り口のところで、親の心が閉ざされてしまうことがあるのです。

あなたは、子どもの問題を保護者に伝えるとき、どのような言葉で、どんなふうに伝えるのでしょうか？　そのときの保護者の様子はどうでしょうか？　これらについての留意点をあげてみましょう。

①　不適切な例

・「こんなことがありました」とただ事実を伝える。
・「……で困ります」と一方的に問題を指摘する。
・『……症』ですから病院（相談室）に行ってください」と診断を下す。
・「家でも何かあるんじゃないですか」と探りを入れる。
・「いったい、どんなふうに育ててきたのですか？」と非難がましく言う。

②　子どもの問題の伝え方

問題が深刻な場合には、電話ではなく、直接会って話し合うようにします。話し合う日時と場所を決める場合も、こちらから一方的に伝えるのではなく、親の確認を取りながらにします。できれば来校していただいて話し合うほうがよいでしょう。保護者が来校したときには、労をねぎらう一言が何よりも大切です。例えば、「雨の中を大変でしたね。ありがとうございます」などといったように。

子どもの問題は、基本的に「○○君のことが心配なのです」と伝えます。「困る」「手がかかる」ではないのです。あくまで、その子を中心にすえるのです。教師としてどう考えて、どのようにはたらきかけたか、その結果どうだったかも率直に伝えます。

③　保護者がたくさん話す機会をつくる

こちらの説明はあまり長くならないよう簡潔にして、早めに「お母さんは、学校での出来事を聞かれて、どう思われますか？」と、保護者の気持ちや感想を求めます。話の流れを一方的にしないで対話的にするためです。もし、そこで「家では問題はありません……」といった言葉が出てきたら、こんなふうに尋ねるとよいでしょう。

「学校での姿も、家での姿も、どちらも○○君の姿だと思うのです。なぜこうした差が生じるのか、そのことで思い当たることはありませんか？」

保護者の言葉が「クラスに原因があるのでは」という返事だったら、「そう思われる理由について」尋ねてみるとよいでしょう。大切なことは、こうした教師側からの質問が、保護者への詰問であってはならないということです。自分の教育について、言いにくいことを敢えて言ってくださっている、と思って耳を傾けるのです。言葉による対流が生じ、互いが聞き手になったり、話し手になったりして、子どもをめぐって対話することの楽しさが湧き起これればよいのです。

④　その他の保護者との対話のポイント

・その子のよい面、よく活躍したシーン、感心させられたことなどを、面談以前に他の教師などからもよく聞いておき、「○○君のプラスの面がたくさん発揮されるよう応援したいです」といった話をしたいものです。

・教師側は何を心がけ、保護者は何を心がければよいかをできるだけ具体的に、一緒に考えていく方向ですすめます。

・保護者が「先生は一緒にわが子の成長を見守ってくれているんだ」と感じ、希望を持って帰宅できるような面談にしたいものです。

教師との間に信頼関係が芽生えてこそ、保護者は認めがたい問題を正視し、意欲を持って問題に取り組んでいくことができるのではないでしょうか。

教育は、勝った負けたの世界ではありません。まずは敵対図式から自由になることが必要です。一つの問題をめぐって、その子について保護者も教師も立ち止まり、これまで考えたことのなかった視点からあれこれたくさん考える——そうした豊かさとゆとりの心を学校教育にも家庭教育にも取り戻したいと思うのです。

他人の非難ばかり言いたてる保護者との面談

「今日は来てよかった」と思える面談を

他人の非難ばかりで自らを振り返ろうとしない保護者

ある学校の校内研修会でお話をさせていただいたあと、雑談の中でこんな質問が出されました。その先生の真剣な表情に、かかわりの難しい保護者と面談されるご苦労がしのばれました。

『うちの子は悪くない、悪いのは○○だ』『学級担任の指導力が問題だ』などと、つねにわが子や自分(親)以外のだれかが悪いと主張する保護者が最近増えているように感じます。

こちらの言葉には聴く耳を持たず、いつもだれかのせいにするので、ついこちらも感情的に応じてしまうこともあります。そうした親とのかかわりについてご助言をいただけないでしょうか」

かかわりの難しい保護者

かつて小中学校の先生方に、どのような保護者とのかかわりが難しいかについてうかがったことがあります。

・子どもを放任し無関心な親
・思い込みが強く聴く耳を持たない親
・問題を他人のせいにし、相手を責める親
・無口で何を考えているのかわかりにくい親
・かかわりを拒絶する親
・集団で苦情を言いに来る場合
・親自身が心を病んでいる場合

などがあげられました。

なかでも、子どもの問題をいくら指摘しても受け入れようとせず、反対に子どもの級友や教師、学校などに対して批判的な言葉や攻撃的な言葉を発してくる保護者とのかかわりについてはかなり多くの先生方が悩んでいることがわかりました。

たしかに現代では、教師の言うことだからといって丸ごと受け入れ、教師には礼を尽くしてかかわるといったことは、ごくまれなことになりました。教師の考えに同意できなければ反論し、批判し、時には訴えることも普通の現象になりました。

しかし、その子のことを案じて投げかける教師の言葉をまったく受け入れず、親としての自分のあり方や自分とわが子との関係を振り返るどころか、自分以外の他者批判に終始する保護者とかかわるとき、教師側の心は穏やかではなくなるでしょう。結果的には、一方的に注意するというかたちになったり、互いに非難し合ったり、「触らぬ神にたたりなし」と子どもについて気になることがあっても親には伝えなくなってしまったりと、関係がこじれてしまいがちです。

他罰的な親――その背景と問題

人はなぜ他罰的になるのでしょうか?

「そうならざるを得ない、何かがある」という視点で他罰的な行動をとる人を考えてみると、その人の背景にそうならざるを得ない理由がいくつか浮かび上がってきます。

一つは、心にゆとりがないことです。心にゆとりがあると、人は柔軟かつ多角的に物事を考え、他人にやさしくなり、他者の存在や考えをしっかり認め、自分の欠点を出さなくて済みます。反対に、心にゆとりがなくなると、考えはこわばり、思い込みを容易に修正できなくなり、他人に厳しくなり、他者の存在や考えについて非寛容的になり、言わなくてもよいことを言ったりして欠点も出やすくなってしまいます。

心にゆとりがなくなる原因はさまざまです。経済的にゆとりがない、配偶者との関係がよくない、家族に問題を抱えている(高齢者介護、子どもの非行化など)、近隣との間にトラブルがある、親や親戚・地域からの援助がなく孤立無援状態である、自分自身の心身が病んでいるため自分のことだけで精いっぱいである……など。そうした「追い詰められた心」が他罰的な行動をもたらしているのかもしれません。

二つ目は、他人と親しくかかわったり、他人に援助を求めたり、他人の助言をよく聞いて自分の生き方などに生かす……といったことを学習していない場合があります。親からいつも「他人は敵だと思え」と教えられていた、他人と親しくかかわる親の姿を見たことがない、などです。親和的行動のモデルの不在と言えるでしょう。

また、自らの経験の中に他人――特に先生や学校――と親しくかかわった経験が皆無に近い場合もあります。「元〝ヤンキー〟だった」「アイドルの〝追っかけ〟をしていて、いつも先生から叱責されていた」「校内暴力で先生とは対立したまま卒業してしまった」などです。

いずれにしても、「そうならざるを得ない何かがあるはず」という姿勢でかかわることで何かが見えてくるかもしれません。

他罰的な行動で得るものは、他人からの批判や非難をはねのけ自分の身を守るということでしょう。一方、失うものはたくさんあるのです。

① わが子が出しているSOSのサインに気づいたり、立ち止まって考えたりすることができにくくなります。そのため、問題がどんどんエスカレートすることがあります。

② 他人が、子どものSOSのサインや問題行動に気づいていても、災いをこうむるのを恐れ

て指摘したり、助言したりしなくなってしまいます。

③　親の他罰的な行動をモデルにした子どもが、同じような問題に陥ることがあります。

などです。

かかわりの具体例

こうした他罰的な保護者と、関係を避けることなくかかわっていく場合には、どのような留意点があるのでしょうか。

他罰的な保護者とのかかわりのポイントは「ゆとり」です。

他罰的な人は全身を見えない鎧《よろい》で覆い、投げかけられる言葉を跳ね返し、さらに自分が攻撃される前に攻撃しようとします。この〝防衛的攻撃〟が他罰的な行動になってしまうのです。しかし、仮にそのような状況でも、「相手は攻撃してこない」「自分は責められることはないんだ」とわかれば、他者の言葉を跳ね返し、他者に攻撃の言葉を向けていた心のこわばりは少しは和らぐのではないでしょうか。

具体的な方法を記してみましょう。

(1) 連絡の際には「心配」「一緒に」という言葉を用いる

電話などで面談したい旨を告げる場合や、保護者から来校の意を聴いたときに、この二つの言葉をうまく使うことができればと思います。「～君、こんな様子で困っています」よりも、「学期のはじめはとても張り切っていたのに、と心配しているのです」のほうが、保護者の心によりスムーズに入っていくのではないでしょうか。また「とにかく授業の様子を見に来てください」といった言い方よりも、「授業の様子を見ていただいたあと、一緒に～君のことを考えませんか」のほうが心の距離がずっと縮まるはずです。

(2) 感謝とねぎらいの言葉で相手を迎える

保護者との面談は、こちらから呼び出す場合と、保護者のほうで自主的にやって来る場合とがあります。子どもがどのような問題を持つにせよ、こちらからの呼び出しに応じて来てくれたこと、あるいは時間を割いて来校してくれたことに感謝の気持ちを伝えます。

＜例＞「雨の中ありがとうございます」「ご足労ありがとうございます」

保護者の身体をねぎらう言葉もあるとよいでしょう。

＜例＞「お母さん、最近お身体いかがですか？　この前、腰を痛めたと、～君からうかがったのですが」

(3)　相手の訴えにていねいに耳を傾ける

他罰的な言葉や攻撃的な発言には、さえぎったり正したりせずに、じっくり耳を傾けます。自分の言い分に「ちゃんと耳を傾けてもらえた」という事実が、ゆとりを生み出すのです。反発したい気持ちや「ずいぶん自分勝手な理屈だ」といった非難がましい気持ちを、いったん自分の脇に置いて、一生懸命聴くのです。「お母さん、とても大事なことを話されているので、聴き漏らすことがないようノートをとらせてくださいね」と記録をとりながら聴くのもよいでしょう。「いま話されたこと、ちょっと復習しますね」と、一〇分くらいごとにノートをもとにフィードバックしながら聴いてもよいと思います。全部聴き終えたら「お話しし忘れたことはありませんか？」「もし何かまた思い出されましたら、いつでもお電話くださいね」と加え、「大事なことをうかがいましたので、私なりによく考えてみますね」と伝えます。

⑷　最低三回は面談を続ける

こうした面談を最低三回は続けるつもりでがんばります。私の経験では、一〇回続いて他罰的なことを言い続けた人はだれ一人いません。たいてい三回目くらいには「うちの子もわがままなところがあるので……」といった内省的な言葉が聴かれるようになるのです。

⑸　「来てよかった」と思える面談を

どのような面談であれ、学校で行う面談は保護者が「今日は学校に来てよかった」と思って帰宅するような面談でなければなりません。保護者に心のエネルギーがたくさん補給されれば、家庭で子どもや家族にそのエネルギーが分配されることでしょう。いくら正しい情報を伝えたつもりでも、保護者が聴く耳を持たなかったり、拒否感情を抱いたりすれば、意味がないのです。

＊

他罰的な人は、近所や親戚などからも孤立していることが少なくありません。「先生だけは違う、私を受け入れてくれる」と思った瞬間、マイナスの感情が一気にプラスに転じることもあるのです。

家庭内暴力に悩む保護者に学校ができること

「親なりに精いっぱいやってきたこと」をわが子に伝え、専門機関につながるまで夫婦協力して持ちこたえるよう支えます

親から家庭内暴力の相談を受けた相談係

「実は、担任する生徒の家庭内暴力について、保護者から相談を受けたのですが……」と話しだされたのは、高校で教育相談係をしていらっしゃる先生です。

本人は高校一年生です。ときどき学校を休む以外には、学校ではこれといった問題はないのだそうです。それでも、その先生はとりあえず生徒本人と面接をしてみました。しかし、本人は、

「母は大げさなんです」

「先生にご心配かけないように努力します」

と、とりつく島もない返事をするばかりだったそうです。

この先生の学校のある地域には、適切な相談機関や精神科外来もないといいます。先生は、「当面の対処法だけでも保護者にアドバイスしたいのですが、これまでにそういうケースを扱ったことがないものですから……」とおっしゃいます。

教師が立ち会うことのない家庭内暴力で悩んでいる保護者に、学校としてどんな助言や援助ができるかを考えてみたいと思います。

家庭内暴力の難しさ

家庭内暴力の子どもの行動をていねいに見ていくと、はじめは殴る、蹴る、階段の上から蹴り落とす、骨折させるといったその暴力の激しさと陰惨さに目を奪われますが、ときどき「なぜだろう?」と不思議に感じてしまうエピソードに出会うことがあります。

・母親を殴ったことを覚えておらず、翌朝自分の手が腫れているのに驚いて、母親に手当てしてもらおうとします。

・まるで人が変わったように母親に甘えたり、暴力のために憔悴した母親をいたわったりすることもあります。

・一歩家の外に出ると「近所では評判のいい子」であることも多いのです。

・警察を呼んでも、子ども本人は冷静で感じのよい対応をするため、取り乱している親のほうがおかしいととらえられがちで、抑止力となりにくくなります。

こうした不思議な現象の中に家庭内暴力の難しさが隠れているのです。

(1) 問題理解の難しさ

家庭内暴力の多くは思春期に発現します。その理由はいくつか考えられます。

① 思春期に入ると学力評価や進路選択、人間関係が厳しくなり、子どもは精神的にゆとりを失いがちになるのです。

② 体力をはじめ自己表現力や行動力などが親を追い越すようになり、親子の力関係が逆転します。

③ 心と身体の成長が著しく、これまでかろうじて保たれてきたバランスが崩れがちにな

り、不安定になります。その過程で、これまでさまざまな不満や怒りなどが蓄積されてきた心が爆発することがあるのです。

④　一方で、まだ親に守られ甘えたい部分と、親から離れ自立したい気持ちとが混在し、いわゆるアンビバレント（矛盾する二つの感情に揺れる）状態になるのです。

子どもの親への暴力は、追い詰められた子どもの気持ちを子ども自身がうまく表現できず、親のほうもうまく受けとめることができないことから発生していることが少なくありません。コミュニケーションのズレが互いの気持ちを不幸にし、どんどん泥沼に入ってしまうのです。そのコミュニケーションのズレの歴史が長いのです。

なかには、気持ちが通じなかったばかりでなく、子どもの頃に親から体罰を受けていたという例もあります。親のほうはスパルタ教育を行った――つまり「暴力」ではなくわが子への「教育」であったと認識していても、それを受け続けた子どものほうは、暴力を受けたと感じてしまうのです。同時に、体罰という暴力モデルを子どもは無意識に学習し、今度はそれを実行に移すのです。

また、過干渉、支配的な養育態度で育てられた子どもの中にも、それを精神的暴力のように感じている場合があります。自分の意思に無関係に親から振り回されて育ったと感じてしまうのです。やがて思春期になって体力的に立場が逆転したときに、そうしたことへの〝うらみ〟が家庭内暴力という形で発現する場合があります。

暴力をふるう子どもがほとんど加害意識を持つことがなく、むしろ被害意識を抱きつつ暴力をふるうことがよく知られています。「オレの人生を返せ」という言葉を家庭内暴力児はよく叫ぶのではないでしょうか？　おそらくこれまでの「人生」で子どものほうは苦しい気持ちやつらい気持ち、心細い気持ち、悲しい気持ち、焦る気持ち……がうまく親にわかってもらえなかった、親はわかろうとしなかった、といった被害感情をずっと持ち続けていたのだと思います。

(2)　問題介入の難しさ

学校がどこまで家庭に入っていけるか、という問いはあらゆる問題行動への対応で問題になりますが、その意味では安易に入ったらその深さや混沌さに身動きがとれなくなってしまう難しさが、家庭内暴力という問題にはあります。

一方で、家庭内暴力を行っている子ども本人は、学校では家庭で生じている修羅場をまったく感じさせないような「いい子」であったり、目立つような不適応行動とは無縁なことが多いものです。親は問題を深刻に受けとめて切実に救いの手を求めているが、子ども本人は他者に救いを求めようとしない。そればかりか他人からは問題のない子と見られるようにふるまおうとする――こうしたことが家庭内暴力のケースではよく生じます。親から相談された先生がその生徒を呼んで事情を聴いたりカウンセリング的対応をしても、ご質問のように、まるで他人ごとのように涼しい顔をしていたり、優等生的な答えが返ってきたりしてうまく噛み合わないのです。

ただ、問題が深刻化するにつれて、そうした一種の〝二重生活〟が破綻しがちになり、クラス内での非社交、孤立や不登校といった不適応問題が見られる場合もあります。

(3) 問題改善の難しさ

家庭内暴力の根は深いことが少なくありません。暴力をふるっている子ども本人の生育歴に深く根ざしているばかりか、そうした生育歴のもとになった両親の夫婦関係や嫁姑関係、さらには彼らの生育歴にまでかかわっている場合が少なくないのです。

問題が改善されるまでに時間がかかることはもちろんのこと、精神的に追い詰められ、疲弊した親が家庭内暴力児を殺してしまうという悲劇が後を絶ちません。

まず親御さんが思春期の家庭内暴力を扱う教育相談機関や精神衛生機関、精神科クリニックなどに相談に行くことが望ましいと思います。そこで混沌としている問題を整理し、少しでも状況がよくなるようなはたらきかけを行い、事態の根となった問題の解決や改善を時間をかけて行うことができれば、と思います。

学校としてできること

わが子が親である自分に暴力をふるうということは、親として悲しく、つらいことです。それればかりではなく暴力そのものに恐怖を感じ、毎日のように繰り返される暴力から何とか逃れたいという気持ちが前面に出てしまい、わが子を避けたり、従属して奴隷のようにふるまったりしがちです。子どものほうは自分を避ける親に対して寂しさを感じ、執拗に深追いして親を苦しめます。また、親が自分への恐怖感から何でも服従することに、心のどこかで罪悪感に近い居心地の悪さを感じ、異なる対応を求めるかのように暴力がエスカレートする場合もあります。家庭という閉じられた空間にいる限り、親子関係は悪化の一途をたどってしまうのです。この悪循環を断つためには第三者の専門的な介入が必要です。

親が救いを求めて相談してきた場合に、学校としてはどこまでかかわることができるかを考えてみましょう。

① **まず親の訴えを十分聴く**……こうした悩みはだれにでも話せるわけではありません。また、本人の家庭外での行動に問題がないために、他人に十分に理解してもらうことが難しいものです。それゆえ、だれにも打ち明けることができずに悩んでいる場合が少なくないのです。しかし、いざ話し始めると、前後が逆になっていたり記憶が抜けていたりして、はじめは混乱し錯綜していることが多いものです。メモをとり、話を整理しながらていねいに聴きます。それだけでも親への大きなサポートになるのです。

② **親と一緒に専門機関探しをする**……県の教育センターや精神衛生センターなどに情報を求め、適切な機関を見つけたら、所在地までの交通機関、予約時間などを調べます。暴力で疲弊した親の中には、解決に向かうための具体的な行動を考える気力さえなくなっている場合も少なくありません。

③ **とりあえずの対応を一緒に考える**

A　問題がいまどのくらいの深度にあるかをチェックする。

□言葉の暴力　□音の暴力　□嫌がらせ　□物品の破壊　□親への身体的暴力

B　できるだけ暴力をエスカレートさせない工夫をする。

・過去のことを持ち出して責められるときには、「そのときはそのときで、お父さんお母さんが一生懸命考えてあなたによかれと思うことをしたのだ」と主張する。「もしそれがあなたにとってつらいことだったとすれば、それは悪かったけど、あなたのことを思ってやったことだ。それだけはわかってほしい」などと伝える。

・一方的な暴力にしないようにする。場合によってはこちらも対抗してやり返す（逆に子どものほうが冷静になる場合もある。「お母さん、暴力はいけません！」などと言う）。

・夫婦のきずなで暴力を防ぐ。「オレの女房に何をするんだ！」といった父親からの援護があると、母親への暴力は父親に分散し、また、子どもは両親の強いきずなを感じることで安心もする。

・伯父さんや伯母さんといった、家族ではないがその子を知っている人にかかわってもらう。

④　**学校生活関係や進路関係の話題で面談を続ける**……子どもは、暴力については語らなくとも、かたちを変えて自分の不適応感を語ることがあります。「話」を媒介にするのではなく、一緒に作業したり運動したりしながらかかわるのもよいでしょう。

相手の痛みを感じられない親子

存在をかけた理解と投げかけ

相手の痛みを感じられない親子

K先生が担任される小学校六年生のクラスには、気分次第で他の子どもに度を超したいやがらせをしたり、無抵抗状態の級友に暴力を加えたりする男児がいます。そのことで注意したり叱責したりしてもまったく平然としており、罪の意識がありません。

そればかりか、保護者にそのような実態をていねいに伝えても、わが子の非を認めてたしなめる姿勢がいっこうに見られないのです。「親子ともどもいままで会ったことのないような人たちで、どうにも理解できません」と、K先生は頭を抱えてしまっています。

K先生の〝やつれ〟の背景

相談者のK先生は、女性で四十代後半、教育の世界では「ベテラン」と呼ばれる年代です。三十代の頃のK先生は子どもや保護者からの信頼も厚く、勉強熱心でよく教育相談の研修会に参加されていました。そのK先生から、「相談したいことがある」と、一〇年ぶりに電話をもらったのです。

しかし、久しぶりにお会いして私は内心驚きを隠せませんでした。K先生は、かつて学校教育相談研修会で研究発表したりロールプレイしたりした頃の輝きはなく、元気がなくやつれた風貌だったからです。声も弱々しく自信なげでした。私はK先生のこの一〇年をあれこれ推察してみました。確か私が教育相談員をしていたA市から文教都市として有名なB市に転勤したはずです。お話をうかがってみると、B市に転勤されてからもう八年がたつとのことでした。そして、文教都市B市には予想外のことがありました。

B市では、小学校入学時点で私学に進む子どもが多く、中学進学に当たってはほとんどの子どもが私立中学校を受験するとのことです。子どもたちの中には、小学校受験で失敗して公立小に入学したいわゆる不本意入学組もいるわけです。また、中学受験組は、ほとんどが進学塾に通っており、高学年になればなるほど塾中心の生活になってしまうため、公立小学校は何をする機関なのか、教師は何をすべきなのか、アイデンティティが非常に不安定になってしまうとのことでした。

子どもによっては塾で塾教師から自己イメージを傷つけられたり、仲間からいやがらせやいじめにあったりして、心がズタズタになっている子もおり、塾で味わったストレスを学校で発散する子どもも少なくないとのことです。中学受験者などごく少数派だったA市の小学校では考えられないような悪質ないたずらや陰湿ないじめ、すさんだ雰囲気が学校や教室に漂っているとのことでした。

K先生が私に相談したかったのはJ君という男の子のことでしたが、彼はまさにそうした子の一人でした。彼ばかりでなく、同じように塾脱落組で、学校でストレスを発散することでかろうじて精神のバランスをとっている子どもが、クラスの中に何人もいるということでした。

加えて、教育熱心な保護者たちです。ちょっとの指導ミスがあっても、すぐ学校や教育委員会に苦情が寄せられるそうで、K先生は、保護者と教師が牧歌的な関係で余裕を持って教育に当たることができたA市時代が懐かしそうでした。

保護者の中には、学習面になるとなぜここまで細かなことをと思うくらい神経質なのに、子どもの生活面になるとまったく無関心な親もいるそうです。わが子が学校でどんな迷惑をかけているかや、基本的生活習慣が身についていないことをほとんど意に介さないというのです。K先生の八年間のご苦労が、私にも痛いほど伝わってきました。

衝撃的なJ君と親の言葉

問題のJ君は、成績はクラスでやや上位に入るのですが、難関中学校をねらっているため、かなりハードな塾に通っているらしく、授業中は教科書も出さずおしゃべりしているか、だれかにちょっかいを出しているか、興味や関心がない場合には机に伏して寝ている、とのこと。朝から不機嫌なこともあり、あるときなどまったく無抵抗状態の女児を殴り、大量の鼻血を出させたこともありました。そのことを注意すると、J君にはまったく悪びれた態度が見られず、K先生にこんなふうに〝反論〟したそうです。

「じゃあ、オレは何をして楽しめばいいの!?」。

K先生は愕然とし、悩んだあげく、両親を呼んで学校での様子を伝えることにしました。J君の両親は二人とも四年制大学卒、お母さんは教員の資格を持っている方です。開口一番、お父さんから「友人の弁護士に相談した」などという言葉が飛び出し、先行きの大変さを思い知ったそうです。

J君の行為についてのお父さんの考えを求めたところ、「小さい頃はおとなしく、女の子のようで心配していたが、ずいぶん男らしくやんちゃになったと思います」という返答です。K先生は耳を疑いました。お母さんだったら女の子の痛みを理解できるのではないかと思い、お母さんの感想を求めてみても、「高レベルの塾に通い、精いっぱいがんばっているので、あまりJの気持ちを乱したくない」との答えでした。

K先生は衝撃を通り越し、暗澹《あんたん》たる気持ちになりました。それから言葉を尽くして、殴られた子どもの立場やその親の立場に立てばどんなにつらいひどいことかを説明しましたが、言葉が両親に容易に通じないもどかしさと、驚きや怒り、無念さが入り乱れてしまい、両親の前で思わず泣いてしまったそうです。

「先生も、がんばってください」――それがJ君の両親の〝励まし〟の言葉でした。

「自分はここで何をしているのだろうか？　ただ、お節介をやいていただけなのだろうか？」。Ｋ先生は、あまりの心の通じなさに、それまで張りつめていたものが切れてしまいました。

助言――二つの対応方法

・自分では常識と思っていることが相手にまったく通じない。
・学校やクラスに帰属感がなく、向いている方向が異なる。
・誠意や情感を込めてはたらきかけても心に届かない。
・自己中心的で容易に他人の立場に立てない。
・相手の喜びや願い、痛みや苦しみなどに共感する能力が未熟である。

Ｋ先生が体験したように、クラスの子どもやその親たちに、教師がこのように感じてしまうことがときどきあります。ある先生は、ある子どもとのあまりの感じ方の落差に、「あの子が人間だったら私は人間ではない。私が人間だったらあの子は人間ではない、とさえ思った」と告白しています。このように感じながら子どもとかかわることは苦痛に等しいのではないでしょうか。

現実には、その子への対応に悩んでいるうちに、第二、第三の似たような子どもが出現し、J君のように親からも共感や協力を得られずに、ときには学級崩壊に追い込まれたりして、先生自身が精神的にまいってしまう例が見受けられます。

こうした問題に、私たちはどのように取り組めばよいのでしょうか？　二つの異なる方法があると思います。

(1)　相手の「文化」を理解する

なまじ「伝わるはず」という期待を持たず、「もともと伝わりにくいものだ」というところからスタートする方法です。私たちが文化の異なる国や民族を調査する場合にはそうするはずです。こちらが「まるで理解できない」と思っているときは、相手も同じようにこちらを見ています。双方が相手が「おかしい」「わかってくれない」と思い込んでにらみ合っていても、事態は好転しません。相手を異なるものと理解した側が、まず理解のために歩み寄ることです。

価値観の多様化、生活感覚の多彩さ、生育歴の違いは、私たちにこうした「文化差」をたしかにもたらしたのです。なんとなく悲しいことですが、まず時間をかけて相手の文化の理解をはかることです。

具体的には、J君に対しては、一週間の時間の流れや塾での様子、将来なりたいもの、どんなときに幸せを感じるか……などを尋ねてみることから始めてみてはどうでしょうか。両親に対しては、子ども時代のエピソードや現在の仕事の魅力や苦労などに耳を傾けてみることもよいのではないでしょうか。一ミリでも二ミリでも、「そういうふうに表さざるを得ない何か」が感じ取れるといいのです。

(2) 時には「実存的投げかけ」を

(1)とは対照的な方法になりますが、次のように考えます。

「J君(とその親)にとってよい先生とは何だろうか?」

おそらくJ君は幼いときから、相手の気持ちを考えない行為や自己中心的なふるまいについて、本当にたしなめられたことはなかったのでしょう。J君の両親も、モデルとなる彼らの親からのそうしたはたらきかけが希薄だったのかもしれません。慣れていないぶん、正面から注意されることは不快なことでしょう。

しかし、「よい先生」と思われることが大事なのではなく、その子にとって「よい先生」であることが大事なのです。ときには親や子どもに憎まれても、このままでは本人にもよくないし、世の中を生きていくことも困難になると感じたことについて、ストレートに投げかけることも一つの方法だと思います。このような方法を、カウンセリングでは対決(コンフロンテーション)といいます。

「J君にとって大事なことは何なのか、一緒に考えてみませんか。ご両親の言葉をうかがって、私はとても心配になったのです。これから自分が世の中を歩んでいくために必要なことをJ君は身につけていけるだろうかと。私なりにいまJ君にとって大事だなと思うことをお話しします。それに対するお父さん、お母さんの率直な意見や疑問も聞かせてください。お父さんやお母さんがいまJ君の親として心がけていることも聞かせてください」

こうした言葉は、口先だけのものであってはなりません。あえて実存と表現しますが、私たちの存在をかけた言葉であれば、相手の心のどこかに響くはずです。いますぐでなくとも、いつかは。

この二つの方法以外にも対応法があるかもしれません。仲間と一緒に考えてみませんか。

不登校の子どもへの対応が保護者とかみあわないとき

情報収集をあとに回しても、目の前にいる親の心を支えることが必要なときがあります

不登校児へのかかわりに役立つ情報の把握の仕方

子どもが不登校になると、親は学校に対して警戒的になることがしばしばあります。学校としても、どうすれば子どもにいい影響を与えられるのか、明確な見通しを持つのは難しいことです。担任した当初、保護者に、「そっとしておいてほしい」と言われて、言葉どおりにそっとしておいたら、今度は「担任は何もしてくれない」という苦情が聞こえてきたりします。

どちらも保護者の本音なのでしょうが、初期の段階でのボタンのかけ違いが、不登校の子どもやその保護者とのその後のかかわりに後々まで響くことがあります。保護者からその後のはたらきかけに役立つ情報を得るとともに、協力関係も築けるような初期面談のあり方を考えてみましょう。

大切な初期の親との面談

不登校の問題に対応するときは、熱意があればそれでよいというものではありません。熱意が伝わらないばかりではなく、時には裏目に出てしまうことが少なくないのです。その子に「よかれ」と思って投げかけるはたらきかけが回復の障害となることさえあるのです。そうした〝ズレ〟を少しでも防ぐには、いま、子どもがどのような状態でいるのか、親はどのように考えているのか、などをできるだけ的確に理解する必要があります。

そのために行うのが保護者との面談です。しかし、面談相手である親は情報の提供者でありながら、同時に当事者でもあります。不登校状態にいるわが子がこれからどうなるのか、受験はどうなるのか、親として何をどうすればよいのか、このまま引きこもってしまうのではないか等々を悩み心を痛めている存在でもあるのです。それゆえ、不登校児の親との面談は、情報収集という側面を持ちながら一方でカウンセリング的側面が必要なのです。

まずは電話などで子どもの不登校状態を知りますが、さらに詳しく様子を把握するためには、電話では限界があるということを知ってほしいと思います。コミュニケーションのズレが生じやすいのです。可能な限り直接会って話し合うことです。

その際、親に学校に来ていただくか、それともこちらから家庭を訪問するかが問題になります。結論から言えば、親に選んでもらうのが一番よいと思います。不登校児の状態や家庭の状況などによってどちらがよいかは異なるからです。こちらがよかれと判断して決めてしまうと、「家にも来てくれず、親を呼びつけた」、あるいは「突然やって来て、無理やり子どもと会おうとした」等々の不満や非難の気持ちを親が抱いてしまう場合があります。

「親の言いなりになるのか？」といった疑問も生じてきますが、不登校の指導では「言いなりになった――従わせた」「文句を言われた――言い負かしてやった」といった敵対図式が一番よくないのです。そうした大人の「戦い」を垣間見る子どもの気持ちはよけい学校から、そして社会から離れてしまうことでしょう。不登校指導では教師の、受け身でありながらも熱意あるかかわりこそが求められているのです。

面談で押さえるべきポイント

親との面談は、他の節でも触れたように、来校してくれた労をねぎらい、つながる言葉かけで始めたいものです。何を話し合うかについては、次に要点をあげてみました。

(1) 子どもの状態を把握するために

① いま、何を一番困っているか?

親の不登校についての問題意識やわが子への共感度がわかります。勉強の遅れや受験にこだわって悩んでいる場合もあれば、わが子のつらい心を代弁するような悩みを訴える場合もあります。相談者が担任以外の教師やカウンセラーの場合には、担任教師との意思疎通のなさやズレが話題になることもあります。

② いつ頃から「不登校」と思うようになったか?

子どもへの関心や不安の度合いがわかります。また、親自身が生活に追われて不登校に気づかなかったなど、親の心のゆとりも反映します。

③　休んでいる理由を本人はどのように言っているか？

子ども本人の言葉をできるだけ具体的に再現してもらいます。それを聞いて親はどう思ったか、どう動いたかからも親子関係や親の現実判断力を知ることができます。

④　過去にも不登校だったことがあるか？

「ない」場合には登校に向けてのはたらきかけがまだ有効かもしれません。「あり」の場合は、いつ頃だったのか時期を聞きます。近年であればあるほど、不登校という体験が身近なので、ある程度は長引くかもしれないと予測します。

⑤　そのときはどのようなはたらきかけ(きっかけ)で再登校に至ったか？

今回もまた、そのはたらきかけ(きっかけ)が有効であるかもしれません。心に留めておきましょう。

⑥　今日まで親としてどのようなはたらきかけをしたか？

親なりに考えてわが子にどのようなはたらきかけをしたかを把握します。また、はたらきかけてみて、何を感じたかなど、親なりの見解を聞きます。不登校の度合いや親の行動力、洞察力がわかります。

⑦　いま、家ではどのように暮らしているか？

起床時間、食事の様子、着替えの有無、入浴など、家庭での子どもの様子を把握し、学校との精神的距離や精神障害の可能性などを探ります。

⑧ 「学校」の話題への反応はどうか？

少しでも触れられると不安定になる場合は、まだ学校へのこだわりが強く葛藤状態にいることを示します。

⑨ **外出は可能か？　その時間帯は？**

もし午前中でも平気で出歩く場合には、「怠学」傾向が強いかもしれません。引きこもるよりは出歩く状態のほうが回復に近いといえます。

⑩ **不登校状態をお父さん（お母さん＝もう一人の親）はどうとらえているか？**

夫婦の協力関係や信頼関係があらわれます。家庭における父親（母親）の存在の仕方が明らかになります。

(2)　学校に何を望むかを把握するために

すでに(1)の①で明らかになっていることもありますが、まだの場合はこちらからメニューを示し、希望を尋ねます。「学級担任としてこのようなこと（例、電話をかける、手紙を書く、メールを送る、朝迎えに行く、放課後家庭訪問する、友達を遊びに行かせる、など）ができますが、何を望みますか？」と尋ねるのです。そして、「〇〇君と相談してお返事ください」とつけ加えます。

「いまは、何もしてもらわなくともよい」という返事なら、親側のその意思を尊重します。時間の経過とともに不登校児やその親の気持ちも変わってくるものです。こんなふうに投げかけておくとよいでしょう。「これから、友達に会いたい、学校で何をしているか知りたい、などという気持ちになることもあるかもしれません。そのときは遠慮なくおっしゃってください」

ここでひとつ注意しなければならないことがあります。それは「そっとしておいてほしい」「何もしないでほしい」という発言はあくまで不登校の子どもについて言っているわけで、親まで「そっとしておいてほしい」と思っているわけではない、ということです。

不登校になりたての頃は親の気持ちも混乱しており、どこからどこまでが自分の気持ちで、どこからどこまでがわが子の気持ちかがわからなくなってしまうことがあります。そうした中での発言が多いことをふまえ、冷静に確認しておくことが必要です。例えば、「〇〇君へは、しばらくは直接的なはたらきかけは控えたいと思いますが、お母さん（お父さん)とは月一回はお会いしてそのときどきの様子をうかがい、これからのことを一緒に考えていきたいと思いますが、いかがですか?」と尋ねます。

ときには、情報収集よりも、親の心の支え手として

私がまだ若い教育相談員だった頃の話です。不登校は当時、登校拒否といわれていました。あるとき、母親だけが来所しての相談がありました。私はようやく自分なりのインテーク面接ができるようになった頃で、張り切っていました。要点を押さえて質問し、情報を整理して問題の構造をつかみ、何とか登校拒否の原因を突き止めようと思っていました。もしかしたら、私は自分の知りたいことをどんどん質問したのかもしれません。そのように質問されることで、そのお母さんがどんなに心傷ついたかにも気づかずに。

だんだん明らかになってきたぞ――私は謎を解明し、何事かを探究していく研究者のような顔になっていたのかもしれません。あるいは何とか治してやろうと力んでいたのかもしれません。ふと、お母さんの顔を見上げると、目にいっぱい涙を浮かべているのです。そして振り絞るような声で私にこう言いました。

「治してくれと言っているのではありません！　わかってほしいのです、あの子の気持ちと親としての私の気持ちを」

私は自分がひどく未熟に思え、申し訳ない気持ちでいっぱいでした。こちらがいくら情報を押さえても、それによって心をかき乱され、エネルギーを吸い取られたら、よくなるものもよくなりません。

知的に問題を解明する自分と、情緒的に他者の心を受けとめ支える自分と――その使い分けが必要なのだと痛感しました。

不登校にかかわる面談においては、ときには情報収集をあとに回しても、いま目の前にいる親の心を支える必要があることを心に留めておきたいものです。

保護者が集団で苦情を言いにきたとき

攻撃的な言動に潜む「困っている心」に焦点を当てることで新たな関係を築くことができます

保護者との集団面談のコツとは

地域によっては、何かというと保護者が集団で苦情を言いに来ることがめずらしくありません。対応する学級担任によっては、感情的になってしまい、そのときの言動がさらに批判・攻撃の対象になることも実際にあります。

そんな地域の小学校に勤務し、保護者への対応にほとほと疲れ果てて相談に来られた先生のお話をうかがいました。大勢の保護者に押しかけられるだけで、大変なストレスになっているようです。かといって、校長、教頭など担任以外のメンバーを話し合いに入れると、「うまく言いくるめられた」などという非難が寄せられたりします。

「こんなときよい方法はないでしょうか」というご質問でした。

集団で来校する場合

保護者が集団で学級担任や学校に話し合いを求めてくるのは、どんな場合でしょうか。
① ある子どもの問題の影響がクラスの複数の子どもに及び、被害を受けた子どもたちの保護者がそれぞれの被害を訴え、事の重大さをアピールする場合。
② 教師の指導力に問題を感じた保護者が、集団の力で授業の改善や担任交代などを求める場合。
③ 保護者同士が誘い合って学級担任に(学級崩壊状態のクラスの立て直しなどのための)協力の申し出をするため。
読者の中には、③のような例など現実にあるのだろうか、と疑問視する方もおられることと思います。私は、校長職を退いた元女性教師からこんな話を聞いたことがあります。

昭和三〇年代の初め頃のことです。二番目の子どもがお腹にできて、彼女は産むべきか否かずいぶん悩みました。そんなある日、クラスのお母さんたちが何人かで学校にやってきました。彼女の悩みをどこからか耳にしたのでしょう。お母さん方は口をそろえて「先生、がんばって二番目の子どもも産んでください」と言うのです。「私たちが交代で二人のお子さんのお世話をするから」とも。まさに先生への応援であり、協力の申し出だったのです。当時の思い出を語る彼女の目には涙が光っていました。私は、教師と保護者がそんな関係だった時代もあったことに新鮮な驚きを感じたものです。今日のように保育制度が整備されていなかった時代、けなげにがんばる女性教諭の姿に、お母さんたちは自分たちの夢も託したのでしょう。

しかし昨今では、保護者が集団で話し合うために学校にやってくるというと、①②のような重苦しい話題を予測せざるを得ないことがほとんどなのではないでしょうか。

「集団」面談の難しさ

個別の面談に比べて、こうした集団の面談では次のような難しさが伴います。

①「集団でやってくる」ということ自体の中に、問題の重さや深刻さ、こじれなどが内在しています。

②同時に複数の人の発言を聞くことは、決してたやすいことではありません。ときにはだれの発言かを聞き逃したり、混同したりしてしまうこともあります。

③一対多数という状況は「いじめの構造」を招きやすい。攻撃的な言葉がエスカレートし、相手の言い分を聞かずに一方的に責めたりする行為が起きやすい。つまり、教師側が必要以上に批判にさらされ、精神的ダメージを受ける可能性がある。

④集団ヒステリー的な事態になると、教師側も巻き込まれやすいのです。いわゆる「売り言葉に買い言葉」となってしまうことで、問題の本質からズレた展開になりがちです。

⑤発言力の強い人の背後に、せっかく来校しながら何も言わない人がおり、その場では納得したことや決定したことを、「何も言わなかった」親たちが〝むし返す〟恐れがあります。

⑥学校側が構えすぎて必要以上にメンバーを増やすと、互いにホンネが言いにくくなり、ときには相手の反発心が刺激されて、団体交渉のようになる可能性があります。

＊

こうしたさまざまな難しさもある集団での面談ですが、具体的な工夫でその難しさを和らげることができるのです。私なりの方法を紹介しましょう。

(1)　連絡の際の工夫

こちらから日時などを連絡する場合には、①話し合いの開始と終了の時間、②学校側のメンバーを伝えておきます。

①に関しては長くても一時間半を限度にし、何時から約〇〇分、遅くても何時には終えたいと思います、話し合いが十分でないときには、後日また日を設けます、といった内容を伝えておきます。

時間を指定することに私たちはまだ慣れない面があり、ついあいまいに設定しがちです(例えば、「放課後にでもお待ちしております」といったように)。その結果、双方で思い描いていた時間にズレが出て(同じ「放課後」でも、授業終了一〇分後と二時間後ではかなり幅がある)、互いに相手に不満や非難めいた気持ちを抱きやすくなります。

また、時間を区切ることによって、保護者のほうも次の予定を立てやすくなりますし、限られた面談の時間を有効に使うようになります。「いよいよこれから反論だ」などと思っているうちに、「今日はこのへんで」と面談を打ち切られたり、もっと早く済むと思って参加したのに延々と話し合いが続くのでじりじりしたりすることを防ぐことができるのです。

②については、指定された教員以外のメンバーの同席が学校として必要な場合には、その理由を簡潔に伝えて了承を求めます。折り合わないときには、無理せずにはじめは保護者の希望どおりで行う覚悟も必要でしょう。

連絡の電話の最後には、「お待ちしております」「お気をつけていらしてください」という言葉を添えることも忘れずにつけ加えましょう。

(2) 来校の際の迎え方

あくまで「お客さま」であることを意識して迎えます。「ご足労ありがとうございます」「ぜひ貴重なご意見をお聞かせください」などの言葉をかけたいものです。

(3) 椅子などのセッティング

保護者全員の顔が見えるように円形にセットしておくとよいでしょう。

(4) 互いに名を名乗る

はじめに双方の名前と自己紹介を兼ねた一言を言うようにします。人数が多くて記憶できないときは、椅子の位置を簡単な図に描いておき、上に名前をメモするとよいでしょう。

⑸　もう一度、今回の話し合いの時間を確認する

さりげなく時間を確認し、同時に、必要があれば何回でも会う姿勢を伝えます。

⑹　全員に発言の機会を

集団での面談場面では、積極的に話す人と消極的な人に分かれることが少なくありません。最後まで一言も話すことなく黙している人もいます。

限られた時間の中での面談なので、全員に話す機会を与えます。せっかく時間を割いて来校したわけですから、何らかの動機があるはずです。〝声の大きな人〟が面談の場を独占しないよう、場合によっては「他の皆さんからも一言ずつ」と、積極的に〝声の小さな人〟の発言を促すとよいでしょう。

全員の発言を聞くと、案外、同じ集団でもそれぞれの保護者によって微妙に訴えの力点が異なるものです。そうした「温度差」もとらえながら話を聞いていきます。

(7) 自分への批判や非難でもメモをしながらていねいに聞く

自分に対する攻撃的な言葉が聞かれると、つい弁解したり反論したり、場合によっては反撃したりしたくなります。それは自然なことです。

しかし、そうした気持ちをできるだけ脇に置くのです。相手の言葉のはじめの部分ですぐ反論してしまうと、相手の気持ちの入り口の部分しかわからないものです。最後の出口の部分まで話してもらおうという「探求心」に、自分の気持ちを変えるのです。

(8) 父親の意見を引き出す

母親だけの集団の場合には、「このことについて、お父さんはどのようにお考えでしょうか」と、その場にはいない父親の考えを聞いてみます。

両親がそろっていても、母親の考えのみでわが子の教育や育児が行われている家庭も少なくありません。母親たちの「集団で学校に何かを求める」という一大決心の背後に、どれだけ父親の意見が反映されているのかを確かめることも必要です。もしそれが十分でなければ、次回には父親の意見を持ってきてもらうようにします。こうしたことで父親の子育て・教育参加を引き出すことにもなるのです。

⑼　虚心に耳を傾ける

わが子のことで事を荒立てたいと思う親はいません。また、保護者にとっても貴重な時間です。電話連絡や根回し、そして来校と、集団面談に至るには大変な時間とエネルギーが費やされているのです。そこまでしても保護者が訴えたかったことは何か、そのことに素直に耳を傾けたいものです。

言葉の奥にある「困っている心」

困っているときに、人はなかなか「こんなことで困っているので助けてください」とは言えないものです。自尊心や他者からどう見られるかといった気持ちが無意識のうちにも邪魔をしてしまうからです。その結果、困った気持ちは、他者への攻撃や批判、非難、皮肉、脅し……などに変わってしまい、結果的に相手の心に届きにくくなってしまいます。

そうした言葉の下をかいくぐって、その奥にある相手の「困っている気持ち」にたどりつきたいものです。それができると、そこからまた新たな関係が広がっていくのです。

第3章

「この子への教育は通常の学級でいいのだろうか」と悩む先生へ

この子への教育は通常の学級でいいのか

障害のある子への通常の学級での指導が実る環境づくりのために、学校教育相談の方法を活用することができます

通常の学級での軽度発達障害のある子の指導に悩む

ある学習会で、こんなふうに語られた先生がいらっしゃいました。ご自身も大変な毎日を送っていらっしゃるでしょうが、それよりも「子どもにとって本当にこれでいいのか」という深い悩みを訴えられたことに心打たれました。

「担任する小学五年のクラスに、アスペルガー症候群の男子がいます。授業中に突然歌いはじめるなどの突飛な行動や独特のこだわり、コミュニケーション能力の低さ、学力の

かたより、パニック発作などがなかなか改善されません。『この子への教育は通常学級でよいのだろうか』という迷いが、毎日生じます。これでよいのだ、という確信が持てないのです」

発達障害のある子の学級担任の悩み

ご質問を寄せてくださった先生ばかりでなく、いま、わが国の通常の学級で発達障害のある子を担任されている多くの先生方が、「これでよい」という確信が持てない状態にいるのではないでしょうか。その背景には、通常の学級の担任ならではのさまざまな悩みがあるはずです。

① **お手本がない**……健常児を中心とした集団と発達障害のある子どもを同時に教育する指導方法が確立していないため、手探りで歩まざるを得ない。

② **自分の経験を生かすことができない**……これまで教師として積み重ねてきた知識や指導方法を生かすことが難しい。

③ **自己不確実感**……時には「自分以外のだれかが担任したほうがもっとうまくいくのでは

ないだろうか？」という気持に陥ることさえある。

④**障害への無理解**……校内の教師の中には、発達障害からくる子どもの気になる言動を、「わがまま」「親のしつけが悪い」と誤解し、そのために本人に対してマイナスのはたらきかけ(怒鳴る、脅す)も見られることがある。

⑤**同僚からの批判**……教室での指導の苦労が、はたからはわからず、「甘やかしている」「ただ遊ばせている」といった陰口や批判が聞こえてくることがある。

⑥**保護者との関係の難しさ**……問題が容易に改善されないため、保護者連絡も、その日生じたパニックについての報告など厳しい内容になりがちで、協力関係がつくりにくい。

⑦**保護者の無理解とさらなる要求**……通常の学級で発達障害のある子を教育する大変さを理解してもらえず、保護者から、「こうして欲しい」「これもして欲しい」といった要求が次から次へと出される。

⑧**他の子どもへの影響**……授業に集中している他の子どもの学習が妨げられる、パニックの巻き添えになる、独特の自己中心的理由で暴力をふるわれるといった〝被害〟のほかに、発達障害への対応に手がかかり、他の子への指導が後回しになりがちである。

⑨**他の子どもの保護者への対応**……「一方的にたたかれた」「授業に集中できない」といっ

た不満が他の保護者から噴出し、担任批判となることもある。

通常の学級での障害のある子への指導の考え方

その子の教育環境として普通教育と特殊教育のどちらがよいかについては、いまのところやってみるほかないのが現状です。客観的な基準はないのです。選んだ環境のよさができるだけ生かせるようにみんなで努力し、一年ごとに立ち止まって、教育環境がこのままでよいのかを関係者も含めて検討するとよいと思います。

通常の学級では、その子だけ個別的に特別な教育を行うことは困難です。施設・設備面だけではなく、先生自身も普通教育課程の教育を受けてきているからです。もちろん熱心な学級担任は、研修会やさまざまな講座を受講し、発達障害に対する知識や方法を学ぶことでしょう。しかし、個別ではなく集団で、かなり幅のあるはたらきかけを同時に行わねばならない、という条件は変わりません。

私は次のような考えと方法を提案しています。

障害児教育には、

① 子どもの障害そのものにはたらきかけ、少しでも減らす方法

② 障害以外の部分をふくらませていく方法

の二つの方法があります(図を参考のこと)。

図

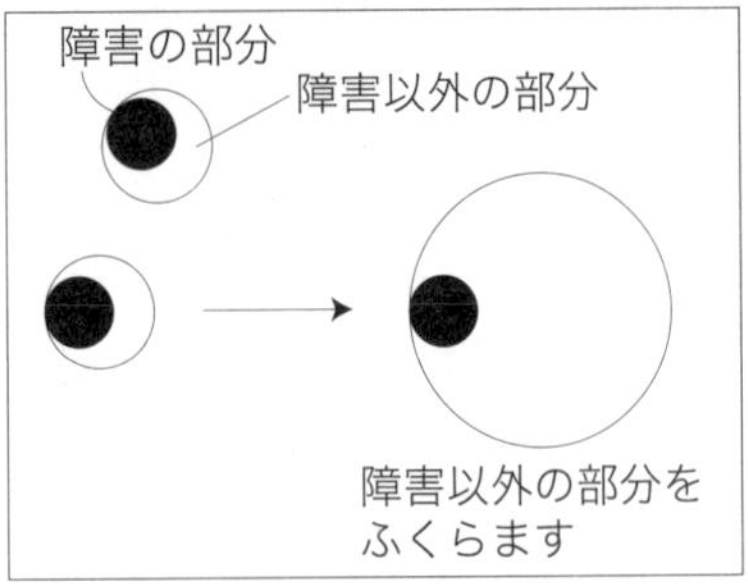

通常の学級では、①の障害そのものにはたらきかける方法は難しいので、それよりも、②のように障害以外の部分をできる限り大きくするのです。すると、障害の部分は相対的に小さくなってしまいます。つまり障害の影響力よりも障害以外のものの影響力が強くなるのです。

学校教育相談を障害のある子への教育に生かす

障害そのものに直接アプローチはできなくとも、障害の〝外堀を埋め〟、障害以外の部分を可能な限り大きくすることはできるはずです。そして、〝外堀を埋め〟、通常の学級での教育が実るための環境づくりに、先生方が学校教育相談でつちかった力を十分生かせるの

ではないでしょうか。学校教育相談の生かし方——具体的には、校内の教師集団、保護者、他の児童生徒、他の保護者に向けて次のようなはたらきかけをしていくことです。

(1) 校内の教員にはたらきかける

校内の教員へのはたらきかけは、散発的に行うのではなく、正面から校内体制づくりに取り組むことです(詳しくは第4章の交流教育の項に記しますので、一九〇頁をご参照ください)。学級担任が代わったときに十分引き継ぎがなされておらず、保護者が驚きとともに落胆することがよくあります。おまけに「前の担任から何も聞いてません!」と、まるで保護者を責めるかのような言い方をする先生もいます。教員同士のコミュニケーションの問題を保護者に転移したとしか言えません。スタートから不信関係が生じてしまうことがあるのです。

特別支援教育コーディネーターを中心として、①校内の引き継ぎ体制、②共通理解のための事例研究会などの研修体制、③校内での支援体制、④外部の専門機関との連携体制などの整備と確立が欠かせません。

ふだんから教員同士がどれだけ助け合って暮らしているかが問われるのです。

また、障害のある子をめぐってのトラブルが生じたときには、管理職の対応が結果を左右します。学校トラブルの発生の少ない学校では、管理職が問題となりやすい子どもの名前と状態をいつも把握し、子どもに声をかけたり、保護者を励ましたり、担任教師の労をねぎらったりする光景が見られるものです。思いやり、協力、助け合いといったことが自然に行われる学校づくりのためには、管理職の「雰囲気づくり」といったソフトなリーダーシップが大切なのです。

(2) 保護者とよい関係を築く

子どもの問題がいくら大変でも、保護者がその大変さを理解し、協力的であれば、教師の心は安定するのではないでしょうか。保護者との関係が良好であれば、互いに情報を交換し、役割分担して、子どもにかかわることができるのです。

保護者はここまでくるのに、私たちの想像を超えた苦労をしており、わが子についてだれよりもよく知っているはずなのです。保護者の言葉にていねいに耳を傾ける姿勢を持ちたいものです。こちらが高飛車に出たり、決めつけたものの言い方をしてはよい関係はつくれません。保護者の人生から学ぶ——そんな気持ちでかかわることが大切です。

(3) 他の児童生徒への指導

低学年の頃は、障害のある子どもの行動がなぜ生じるのか、なぜみんなと違っても叱られないのか……といった素朴な疑問を抱くことでしょう。特に外見上は健常児と変わりない軽度発達障害のある子どもの場合には、いくら先生に「仲良くしなさい」と言われても、変わった行動を受け入れがたく、納得できない場合が少なくありません。

小学校低学年の子どもには「練習中」という言葉で説明してはどうでしょうか。「みんなは、席に一時間座っていることができるようになりました。○○君はいま練習中だから、みんなで応援してください」と。高学年や中学生になるとそれとなく障害名がわかるようになります。しかし、正確な知識ではないことが少なくありません。理解できる範囲でこうした障害である、と説明することを提案します。ただし、だれにでも成長の課題というものはあることも伝えるのです。例えば「先生も子どもの頃は短気で、ケンカばかりしていた、それを直すのにこんな努力をした」云々と。それぞれが自分の成長の課題を出し合うような時間をつくるのもよいでしょう。人間の多様さを学ぶと同時に、自分とは異なる面を持った人とのかかわり方、共通点の発見、などについても考える機会を持ちたいものです。

また、障害のある子への指導と他の子への指導のバランスをいつも心がける必要があります。もし先生の愛情を特に求めていると感じられる子どもに気づいたら、積極的にかかわり、「だれでも、一人ひとり特別だと思っている」ことを伝えることです。

(4) 他の保護者へのはたらきかけ

授業中断、暴力被害、パニックなどについて、他の子どもの保護者もそれなりに悩んでいることを十分考慮します。

健常児の保護者が障害をしっかり認知している場合は、保護者同士で率直に話し合う機会があるとよいでしょう。もちろんその場は、「つるしあげの会」ではなく、障害のある子の保護者の育児の苦労に耳を傾ける会であることが大切です。教師側がどの子どもにも「一人ひとり特別だと思っている」ことが保護者たちに伝わると、保護者同士も協力関係に転じるのではないでしょうか。

＊

これらの事柄は、日常の教育、特に学校教育相談では大事にされていることです。刺激の豊かさ、活発さ、行動モデルの多様さといった通常の学級のよさが、発達障害のある子に生かされるためには、こうした環境づくりが欠かせないのではないでしょうか。

軽度発達障害に、通常の学級の担任として押さえておくこと

障害はその子のごく一部にすぎません。
こまやかな眼で子どもの発達をとらえながらも、
おおらかにかかわる姿勢が大切ではないでしょうか

発達障害のある子への指導で学校と学級担任が押さえておくべきこと

ある研究会でお話しさせていただくことになったときのことです。事前に参加者からテーマの希望を出してもらってほしいとお願いしたところ、次のような要望が出されました。多数の方からの希望を集約するとこうなるそうです。

「これから展開される特別支援教育では、通常の学級に在籍するＬＤ（学習障害）やＡＤＨＤ（注意欠陥／多動性障害）、高機能自閉症、アスペルガー症候群といった発達障害のある子

どもへの指導が大きなテーマになると思います。発達障害の子どもの指導にあたって、学校として、そして学級担任として私たちが押さえておくべき基本的なことは何でしょうか?」

落ち着いて教育が行われているクラスの分析

スーパーバイザーをしているある市で、発達障害児が在籍する小学校の二〇クラスの子どもを見学する機会がありました。すでに三学期ということもあり、多くのクラスは、障害のある子どもがクラスの一員としてごく自然に存在しているという感じでした。助言するどころかむしろ、学級担任の、その子の存在も考慮した授業のやり方や、周囲の子どもたちのその子へのさりげない配慮などから、私のほうが学ぶことの多い学校訪問でした。

そこで、私なりに発達障害のある児童とともに落ち着いて歩むクラスについて分析してみました。

① 学級担任が、子どものこれまでの生育歴や家庭的背景、きょうだい関係などの情報を的確に把握している

特にその子の受診歴や診断名を把握している例が少なくありませんでした。親との信頼関係があってのことでしょう。親がわが子の発達障害をどのようにとらえているか、きょうだいの生育状況などもよく把握されていました。

② 保護者との信頼関係がさまざまな出来事を通じて形成されている

はじめは言葉一つ話すにもずいぶん気を使ったりしたが、学校や担任の姿勢が少しずつ伝わり、「難しい関係」から「楽しい関係」に変わった、というＬＤ児の担任の言葉が印象的でした。

③ 管理職をはじめ校内の教師がその子について勉強し、共通理解し、日常的にも学級担任以外の教師がよく声をかけたりしている

障害のある子の学級担任が孤立無援の状況で孤軍奮闘し、周囲の教師は「お手並み拝見」という感じで傍観している例も過去にはありました。

しかし、私が訪れた学校はまず管理職が発達障害についてよく知っていました。その子のきょうだいの担任、元学級担任、同学年の先生……と、〝理解の輪〟がよく広がっていく学校でもありました。

④ 学級担任や校内教育相談係、養護教諭、管理職が教育相談研修会などによく参加し、

積極的に学ぼうとしている

研修会に、管理職をはじめ校内の三分の二くらいの教師が学びに来ていた学校もありました。もちろん担任が研修会等に出張しやすいような配慮があったのだと思います。

⑤　学級担任が、問題となる子どもばかりでなく、クラスの他の子どもたちへもたくさん心配りをしていることがよくわかる

他の子どもたちが、自分も先生から守られ、大事にされているという気持ちを持てるかどうかは、クラスの愛情満足(あるいは愛情飢餓)度を知る大事な指標です。クラスの子どもも一人ひとりが思いやられることの「よさ」を体験していれば、障害のある子どもへも思いやりでかかわることでしょう。

⑥　他児がその子の逸脱行動に振り回されず、動揺しないで落ち着いてのびのび生活している

奇声、多動、パニックといった事態にも周囲の子どもたちが大騒ぎせず、ゆったりと対応していました。そのため逸脱行動もいつの間にかおさまってしまうのです。子どもの持つ「慣れの能力」のせいでもありますが、その子にかかわる教師の態度が「お手本」になっている点も見逃せません。

学校としての基本的取り組み

発達障害のある子どもがその子なりにクラスに馴染み、落ち着いて生活するためには、学級担任の努力にのみ依存するのではなく、学校としてのシステマティックな取り組みが必要です。例えば、次のような取り組みが考えられます。

① 校内で特別な支援を要する子どもの状態を把握する

リストづくり、リストの管理に注意をはらいます。

② 必要に応じて積極的に子どもについての情報を集める

まず、保護者との面談を行います。知的・認知的・行動的側面を把握するための個別検査も行うとよいでしょう。ＷＩＳＣ―Ⅲ、ＩＴＰＡ、フロスティッグ視知覚発達検査などは、学校単位で用具をそろえ、自前で検査を実施できることが必要ではないでしょうか。場合によっては、そうした検査を教育相談所などに依頼するシステムの確立も必要です。

③ 校内に向けて共通理解をはかる

障害を理解するための研修会や事例へのかかわりを検討するための研修会を開催します。

④ 校内のさまざまな立場からの支援を生かす

学級担任、学年主任、生徒指導担当、教育相談担当、養護教諭、スクールカウンセラーなどを統括する役割を決め、定期的に会議を開きます。

⑤ 校外の専門機関や支援機関との窓口を確立する

④の校内コーディネーターとともに、校外コーディネーターを設置します。

⑥ 保護者との定期的な面談を実施する

学期ごとに立ち止まって教育支援の方向性を検討します。

⑦ 対象児への支援のあり方や成果を検討する事例研修会を実施する

できれば定期的に。直接かかわる担当者による〝ミニ研修〟も随時行いたいものです。

学級担任としての基本的な取り組み

(1) クラスの他の子どもへの配慮

冒頭の事例分析でもふれたように、発達障害児への指導を行う場合、発達障害のある子ども本人へのかかわりばかりでなく、クラスの周囲の子どもへのかかわりが重要になります。他の子どもたちが一種の愛情飢餓状態にならないよう、教師のエネルギーをバランスよく使うことが求められるのです。

まず、クラスの中で、教師に強く個人的かかわり(二者関係)を求めてくる子はだれとだれとであるかをあらかじめ把握しておきます。障害のある子どもばかり特別扱いしているといった不満が子どもから出た場合には、「先生はみんなのこと、一人ひとりが特別だと思っているよ」「みんなが何か困ったことがあったら、いつでも言ってください。先生はみんなを○○君(障害のある子)と同じようにしっかり支えたいと思っています」と毅然と答えるといいでしょう。

「どうして○○君は〜できないの?」という問いかけには、前述のように「○○君はいまはたしかに〜できないけど、練習中(努力中)なのです。先生はきっと○○君はできるようになると思っています」と、教師の確信を伝えるのです。

(2) 保護者への基本的配慮

障害児の保護者は、わが子の障害をどのように受け入れるべきかで悩んでいる場合が少なくありません。将来への不安や明確な治療法や指導法がないことへの苛立ちなどが心の中でうごめくこともあります。また、そうした不安定なゆとりのない気持ちが、学校や教師に対する攻撃的な言動として表れることもあります。

「障害認知」という言葉があるように、わが子の障害を正面から認め、ありのままのわが子の姿を受け入れるまでに、他人には容易にわからない心の旅が必要なのです。

特に発達障害という問題は、表面的にはわかりにくい障害で、もっとも身近な存在である親にもとらえどころのない側面を持っています。あるときにはわが子のすぐれた一面を見て喜んだかと思えば、あるときには同年齢の子どもたちとまったくかけ離れた一面に出合います。親の心は旅をしながらも大きく揺れるのです。

学校やあなたのクラスが、そうした親子の心の旅のオアシスとなるか、それとも親子の前に立ちふさがる急峻な壁となるかは、学級担任であるあなたと、あなたの学校が取り組むいま一歩の配慮にかかっているのではないでしょうか。

障害のある子の保護者に対して、こんな配慮があれば、と思います。

・親の子育ての苦労に耳を傾ける

・親の苦労をねぎらう気持ちをなんらかの表現で伝える

・親なりに把握したその子の能力、魅力などにていねいに耳を傾ける
・「学校生活」に望むことをこちらからたずねる
・教育上の長期目標と短期目標を、親と一緒に決める
・子ども本人からの連絡では不十分なことがあるので、親との連絡方法を工夫する
・子どもの達成、変化、成長を親とともに喜ぶ
・親の社会への広がりを援助する

さらに基本的なことについて

何よりも大事なことは、子どもはＬＤという障害がある、ＡＤＨＤという障害があるということより前に、○○君であるということです。

その子の障害はその子の存在のごく一部にすぎません。あまりに障害を強調してしまうと、その子の大半を占める障害以外の部分が見えなくなり、一人の人間としての存在が見失われてしまいます。こまやかに見て、おおらかにかかわる姿勢こそが、これからの特別支援教育に求められていることではないでしょうか。

学級集団の中での攻撃的行動への対応

クラスで多数の子どもへの教科指導をしながら、同時に行動上の問題を持つ子どもを指導するのは、だれが行ってもきわめて難しいことです

発達障害とわかっていても攻撃的行動に悩みます

L先生のクラスには、ADHDとの診断を受けている小学四年の男子がいます。そのM君は、授業中立ち歩き、よくトラブルを起こします。原因はM君の衝動的な行動(他児の文具を断りなしに取ってしまうなど)にあるのですが、非を認めようとせず「おまえが悪いんだ」などと他人のせいにして口汚くののしります。そのたびに授業が中断したりして、L先生もクラスの子どもたちもとても困っています。

私はこれまでも同様の事例の相談を受けてきましたが、今回は治療機関ではっきりとADHDとの診断を受けている事例です。担任のL先生は、発達障害についてご自分でも勉強し、研修会などにもよく参加されADHDについても十分理解されている先生です。問題となっているM君の行動が、親の育て方のせいでも、M君のわがままのせいでもないと識っている分だけ、だれのせいにもできない〝つらさ〟を抱えているように思われました。

M君のクラスでの問題としては、その他に、「順番を守れず、何でも一番にやりたがりトラブルとなる」「自分の行動の予測がつかず、クラスで飼育している金魚をいたずらしているうちに殺してしまったこともある」「L先生に対しても〝おまえ〟〝てめえ〟などと口汚い言葉を使う」「あたりかまわず大声で怒鳴る」「授業中、自分勝手に話しだす」「注意されると、逆に被害感をつのらせ、級友に暴力をふるうこともある」など、対応の難しい問題が山積していました。

クラス集団の中でどう指導するか？

私は、今回のご質問に回答するために、ADHDやLD、アスペルガー症候群などに関する文献をあらためて読み直してみましたが、意外なことに気がつきました。それは、学級集団における指導法や対処法について書かれたものがきわめて少ないことです。

発達障害について、病理学的あるいは疫学的に説明した本はたくさんあります。それで障害を理解するうえでは役に立ちます。また、親向けに書かれたものや、クリニック、教育相談所、情緒障害学級などに向けた、個別的あるいは小集団での指導やトレーニングの方法について書かれたものもだいぶ出てきました。しかし、発達障害のある子どもの多くが在籍する通常の学級集団における指導法や対処法について書かれたものが、きわめて少ないのです。

通常の学級集団では、個別指導あるいは小集団指導にはない難しさがあるはずです。通常の学級で指導の難しい発達障害児を担任されている先生方は、これまでも述べてきたように大なり小なり表1のような問題に出合うはずです。

こうした通常の学級集団での指導の困難さを十分ふまえていないアドバイスは、指導に悩む先生方の心に、「そうしてあげたいが現状ではできない」というさらなる葛藤を生じさせ、かえって自信を失わせてしまうのではないかと思いました。私自身も、自分の行って

表1　通常の学級集団での発達障害のある子への指導上の難しさ

① その子の問題行動によって授業が中断され、予定した展開ができない

② 学年相応の教科指導をしながら、その子の問題行動にも対処しなければならず、同時にまったく異なる指導を行わなければならない

③ 他児が被害を受けそうな場合には、授業を中断してもそれを防がなければならない

④ もっとこの子に個別的に教えれば勉強にも興味を持ち、飽きることもないのではと思っても、本児にだけ時間をとることができない

⑤ 他にも手をかけてあげなければならない子どもがいても、障害のある子の対応に追われて十分手をかけられない

⑥ クラスに愛情飢餓感の強い子や心が不安定な子が少なからず潜在している場合、障害のある子の行動に誘発されるかたちでさまざまな問題が噴き出し、授業が成り立たなくなったり、学級崩壊状態になってしまったりすることがある

⑦ 保護者から、授業の遅れや、わが子が一方的に暴力をふるわれることについて寄せられる批判や非難に対応しなければならない

きたさまざまなアドバイスが、先生方の心にそうした事態を招いていたのではないかと強く反省した次第です。

通常の学級での攻撃的・衝動的行動への指導方法

オーストラリアの発達小児科コンサルタント、マーク・セリコウィッツは、ＡＤＨＤのある子どもの四分の一に反抗的行動が見られるとし、「何度も平気でルール違反をする」「議論好き」「度を超すようなかんしゃく」「他人へのちょっかい、じゃま」「頻度においても激しさにおいても通常児と異なる短気」「他人のせいにすること」「自分に注意しようとする人に強く憤慨すること」「理由なく(時には残虐に)他児を傷つけ、仕返しすること」「ののしりやわいせつな言葉」をあげています。Ｌ先生が指導で悩んでいるＭ君の問題とそっくり重なるのではないでしょうか。

また、セリコウィッツは、学校での一般的留意点についても著作の中でふれています。私なりの表現に変えて表２に紹介しました(前述のようにこれらの中には通常の学級では実現困難なものもありますが)。

表2　発達障害のある子への指導上の一般的留意点

□クラス人数は三〇人未満が望ましい。それを超えると、一人の先生が子どもを援助することが非常に難しくなる。
□教室はオープンスペースではなく（わが国の伝統的な教室のようなー菅野註）、ドアのある区切られた空間が望ましい。
□座席はみんなが先生に向かって顔を向けるような（劇場型）並び方がよい。
□自由すぎず、子どもたちに理解しやすい簡単なルールに基づいた生活がよい。
□複式学級や年齢を超えた能力別クラスは、所属感が持てず、かえって困惑させ、気が散ってしまうので望ましくない。
□小集団で、その子の能力とペースに応じた指導を受けられることが望ましい。
□通常の学級で、その子のために支援教師がついて指導援助を受けられるようにすべきである。
□音の刺激、眼に見える刺激をできる限り少なくし、気が散らないような座席にする（私は、廊下側の一番前の席がよいのでは、と考えています。目の前の壁には棚や掲示物がないほうがよいでしょう）。
□よいモデルになる子を隣に座らせる。
□休み時間の校庭では、年少の子どもとも遊べる環境をつくってあげる。
□体育は、競争のない、チームプレイを必要としない、ルールの難しくない、どちらかというと個別化したもの（トランポリンのような）が入りやすい。
□注意を向けさせるために、子どもの正面に立ったり、身体に触れながら語りかけたりする。
□指示を与えるとき、先生の視線を避けることもあるが、強制はしない。
□言葉は明瞭に、短く話す。同時に複数の指示を出さず、一つのメッセージだけを伝える。

マーク・セリコウィッツ『ＡＤＨＤの子どもたち』（中根晃他訳、金剛出版、2000年）による

さて、発達障害児の攻撃的・衝動的行動には、どのようにはたらきかけたらよいのでしょうか。できる限り通常の学級での集団場面を想定して、指導・対処方法をあげてみたいと思います。

(1) トラブルが発生したときの対処法

・教師側はできるだけ冷静に、静かな(しかしながらはっきりした)声で対応します。
・もし教師にその子の気持ち(やりたかったことなど)が推測できたら言語化してあげます。「みんなが笑ったので悔しかった」「どうしても欲しかった」など。あれこれと言葉数を多くせず、短い言葉で言語化し、繰り返します。
・同様に、その子が本当はどのようにすればいいのかについても言語化し、繰り返し伝えます。「～君の鉛筆、返そうね」「言葉で『笑わないでね』と言おう」など。「何しているの!」「ダメダメ!」「またやっている!」といった言葉はどう行動していいかわからず、相手を興奮させてしまうだけなのです。
・時には被害を受けた相手の気持ちを言語化します。「髪の毛が痛いからやめてね」「消しゴムは貸してあげるからあとで返してね」など。

・授業中、自分が何をしてよいかわからないときにトラブルは生じやすいものです。その子なりにできる課題を一つ二つ用意しておくといいでしょう。状態に応じて場面を換えることもあらかじめ検討しておきます。保健室や図書室など、その子の心がリフレッシュできる場所を用意しておくのです。

・つまらなくなったときには、部屋の隅に机やオルガンで囲んだ〝ワークスペース〟をつくっておき、自分から「研究に入ります」などと言って、自発的にタイムアウトする習慣をつけておくのも一つの方法でしょう。その場合には自己コントロールできたことをほめることを忘れないことです。

・攻撃行動が自己刺激となってさらなる攻撃行動を招くのを防ぐため、とりあえず行動をコントロールすることも必要です。両腕を脇につけて一五秒じっとさせます。この間は言葉でやりとりしないことが大事です。一五秒たってこちらがふっと力を抜くときに、「うん、がまんできたね」とほめてあげます。「5・4・3・2・1」と、教師とともにカウントダウンさせる方法もあります。

・それでも攻撃行動が続く場合は、被害を防ぐためにその場から離し、廊下や保健室、相談室などに連れて行きクールダウンさせます。これはタイムアウトという用語でよく知られたやり方ですが、保護者にも理解を求めておき、やり方にも配慮します。だれもいない部屋に閉じ込めたり、抵抗が激しい子を無理に引きずったりしてはいけません。できれば応援を呼び、教師や補助者と一緒に過ごすようにするとよいでしょう。

・こうした問題行動がたびたび生じる場合には、ふだんから他児にトラブルが生じたときのとるべき行動について伝えておき、場合によっては〝予行練習〟しておくこともよいでしょう。

・その子の周囲に落ち着いた子どもを配置します。また、トラブルのとき、他教師や管理職に知らせに行く子、担任がその子にかかりっきりになりそうなときにクラスをリードする子、被害児をサポートする子など、クラスの子どもたちの力も借ります。子どもたちの「大人心」を発揮させるのです。

・日ごろから学年や校内で共通理解をはかり、不測の事態が生じたときの対応について話し合っておくとよいでしょう。

(2) 日常場面での指導法

・その子をクラスのルール係に任命し、クラスのルールを紙に大書きしたり壁に貼ったりする役割を与えます。ルールに少しでも自覚的になるように。

・教室移動や行事など、行動の転換場面やふだんとは異なる行動をとらなければならないときは、あらかじめ個別にリハーサルをするとよいでしょう。
・他児がその子を嘲笑したりしないように指導します。「反省会」などでその子の問題を大勢で詰問したりすることは避けたいものです。「反省」どころか、被害感や敵意を増長させるだけですから。
・家庭とコミュニケーションをよくとり、「夜更かし」「ゲームのしすぎ」「興奮しすぎ」「自尊心を傷つける」などに注意し、小さなことでもよくほめるよう伝えておきます。また、学校で示したプラスの行動をメッセージカードなどを通じて家庭によく報告します。

＊

クラスで多数の子どもへの教科指導をしながら、同時に行動上の問題を持つ発達障害児の指導を行うのは、きわめて難しいことです。これまで長年のキャリアを持つ教師でも、また、特殊教育のベテランでも、だれが行っても難しい指導場面と言えるのではないでしょうか。

学級担任一人が全責任を負って孤軍奮闘する状態を招かないよう、学校全体の取り組みと、教育補助員などの制度的援助を求めていくことが必要だと思います。

緘黙児への適切なかかわり方

言葉にとらわれることなく、その子は全身で受けとめているはずだと信じて投げかけることです

場面緘黙を固定的にとらえない

小学五年生のクラス担任をしている先生からの相談です。クラスに緘黙児といわれる男児がいて、教室では一切しゃべらないそうです。先生は、無理に話させようとはせずに「話さなくともクラスに参加できればよい」と考えてかかわっています。クラスの子どもたちもよくわかっていて、その子をからかったりいじめたりすることはありません。でも、この先生は、この子へのかかわりはこうした配慮だけでよいのかと心配しています。

私は、場面緘黙は一時的な状態だととらえています。たとえ何年間か続いていても、いつかその状態は変化します。一時期、「場面緘黙症」と、あたかも一つの疾病であるかのようにとらえられたことがありますが、それは誤りだと思います。「〜症」と名づけることで、周囲の人々が固定的にとらえてしまい、本人まで自分が「場面緘黙症」という病気・障害を持った子どものように思い込んでしまい、状態がかえって長引いてしまうからです。

まわりの大人を思い浮かべてみてください。場面緘黙状態の人はまずいないのではないでしょうか。つまり、場面緘黙状態の子どもは、大人になるまでのプロセスのどこかで、場面緘黙ではなくなるのです。保護者にはこのことを伝えたいものです。いつその変化が生じるかはケースバイケースですが、社会的に豊かな体験を積むためには、少しでも早く変化したほうがよいことはたしかです。そのための指導の方法を考えてみましょう。

まず、場面緘黙の程度を知る

(1) どんな場面で緘黙か？

保護者との面談や学校での観察から、その子がどんな日常場面で緘黙状態かを把握します。①授業場面、②授業以外の校内（教室、掃除場所、校庭など）、③校外（学校の行き帰り、近所の遊び場、買物先など）、④家庭の特定の人と（父親、祖父など）、⑤家庭のだれとでも。こうした異なる場面を項目として表にし、それぞれの場面での会話行動を○×（○＝話すことができる、×＝話せない）で記してみると、場面による緘黙程度がわかります。

(2)　緘黙の様子

緘黙のときのその子の様子からも緘黙の程度をみます。(1)の表の場面ごとに、次のような観察をつけ加えます。

① 話さないが笑い声が漏れる
② 話さないがうなずく
③ 話さないが表情がリラックス
④ 話さない・表情も固い
⑤ 話さない・全身が緊張している
⑥ 話さない・給食時も口を開かない
⑦ 話さない・突っ立ったまま自ら動こうとはしない

私ははじめて会う緘黙児に対しては、まずプレイルームに誘います。そしてボールを手渡すのです。私からのボールを受け取ったら、二、三歩離れてキャッチするポーズをし、「ほい！」と言って、投げ返すよう促します。このとき、投げ返してくるようだったらしめたもの。少しずつ離れてキャッチボールをするのです。言葉の代わりにボールが行き交うことで、相手とコミュニケートする感覚をつかんでもらうのです。子どもによっては、投げ返すように促されても投げ返せない子もいます。ボールを持ったままもじもじしているのです。そのような場合には手から直接受け取り、無理をしないことにしています。ボールを手渡しても受け取ろうとしない場合もあります。手渡したはずのボールがぽろりと床に落ちることも。その子の緘黙の程度がそんなことからもわかります。

私が出会った中でももっとも重度と感じた場面緘黙児は、口を頑なに閉じ、給食を食べようとしませんでした。決して自発的には動かず、学校ではクラスメートが彼の背中を押しながら右左に舵をとって歩ませるのでした。まるでロボット人形を動かすような異様な光景でした。しかしそんな彼も、家ではよくしゃべり、ひょうきんな言動さえ見られたのです。あまりにも家での評価と学校での評価の落差が大きいことに父親が疑問を持ち、家でののびのびの彼の様子をビデオに録画して学級担任に届けてそれがわかったのです。家でのしたその子の姿を見て、私を含め教師だれもが大きな衝撃を受けました。

言葉にこだわらないはたらきかけを

「何としてでもしゃべらせよう」と力むことは、逆効果になりかねません。わが身で想像してみてください。仮に何かの事情で口を閉ざすことがあっても、そう長くは続かないのではないでしょうか。その点、緘黙の子は相当〝頑固〟と言えます。〝頑固〟さに、〝頑固〟さでかかわることは、より頑固な反応を引き出すことになるのです。ちょうど足を踏ん張って進むのを拒否している牛の鼻を正面から引っ張るようなものです。慣れた牛飼いは牛の背後にまわり、ちょんとお尻をたたくだけで牛を歩ませてしまうでしょう。この感じです。

私がこれまで緘黙児に試みたかかわり方をいくつか紹介しましょう。

・物を手渡して運んでもらう……遊具や教材などを手渡し、手伝いをしてもらいます。「手渡されたものを持ち続け、運ぶ」ということは相手の要求を受けとめ、それに応えるという応答の一種なのです。

・画用紙に互いに交差するように線を描く……好きな色を使い、相手の線に交差するように交互に線を引いていきます。二人で織物を織っていくような感じです。出来上がった作品を持って写真を撮ったり壁に飾ったりして、お互いが交流したことを印象づけます。

・対面を避けて同方向を向く活動をする……対面することはけっこうな緊張を招きます。二人で同じ方向を向き、必要なときだけちらっと見合うという感じ。例えば、一緒に黒板に絵を描く、一緒に壁にペンキを塗る、並んで歩く、的に向かってボール当てする、ダーツをする……などです。

・電話や手紙など間接的な対話方法を利用する……直接は話せないが、電話や手紙、メールなど間接的な媒体だと対話できる場合があります。大いに活用し、「対話できる自分」という自己イメージをつくります。

・交代で本を音読する……声は出るようになったが対話にはならない、という段階での試みです。やがて劇のシナリオ(教科書に載っている戯曲など)を配役を決め音読し、それを録音して一緒に聴いたり、家族に聴いてもらったりします。対話や会話の感じをつかむのです。

・家で声を出してしゃべっている場面を録音・録画し、クラスみんなで視聴する……本人の了承を得ることが大事です。意外とオーケーが出るものです。「○○君はしゃべらないもの」といったクラスメートの固定化した評価が、発語の妨げになっている場合があるのです。その評価をくつがえし、「しゃべることのできる○○君」像をつくっていきます。

指導上の留意点

緘黙児の指導では次のような点に心を配ります。

① 緘黙児は、しゃべらない分だけよく見ているものです。クラスの中の鋭い観察者であることが多いのです。その「観察眼」を生かすような活躍の場を与えたいものです。「○○君から見たクラスメートのいいところ」など、ときどき課題を出し、しゃべらないがよく見ている面を自己発揮してもらうとよいと思います。

② 自己イメージを少しずつ変えるような投げかけをしていきます。「しゃべらない自分」→「ときどきはしゃべる自分」→「しゃべるのが当たり前な自分」へと。

③ 身体全体が弾んで思わず声が出てしまうような身体活動を行うこともよいでしょう。身体をひらき言葉をひらいていくのです。

④ 一気に挽回したいという願望を持っている緘黙児もいます。変身が可能になるような

さまざまなチャンスを生かすのです。時に劇的に〝変身〟する場合もあるのです。

⑤「しゃべらない子」という周囲の人のイメージが壁となる場合もあります。進学時に、これまでの自分のイメージから自由になれるような学校選択も考慮に入れたいものです。

⑥　学校ではしゃべらないことが問題視されるが、家庭ではよくしゃべるために、教師と保護者との問題の理解に〝温度差〟が生じることがあります。保護者はどれだけ学校での問題を知っているか、何をどんなふうに心配しているかについてよく耳を傾けましょう。

⑦　知的発達障害があり、かつ場面緘黙が見られる場合には、対人認知力が不十分なために対人緊張が軽減されにくく、緘黙状態が長く続く場合もあります。また、かつては家族とは話したが、いまは家族とも口をきかない場合も、緘黙とは異なる問題が背景に存在する場合があります。この二つの場合には専門機関の助言を得ることが必要です。

＊

緘黙児の指導で、投げかけても反応のないとき、まるで自分が一人芝居をしているかのような自己不全感に陥りそうになりますが、投げたものをこの子はしっかりと見ているし、聴いてもいる、いつかははっきりとキャッチして投げ返してくれるはずだと信じることが大切なのです。

わが子の障害を認めることの難しさ

障害を受け入れるまでの親の心のさまざまな葛藤を少しでも共有することから親との連携が始まるのです

わが子の障害を認めようとしない保護者への戸惑い

「お母さんは『対人関係がまだ幼くて……』とおっしゃるのですが、対人関係だけの問題とは思えなくて」

「学校と家庭で、これだけとらえ方に差が出るものでしょうか？」

「家では本当に問題がないのでしょうか？」

この春からO君の担任になったN先生は、矢継ぎ早にこんな質問を私に向けてきました。

O君は、中学一年の男子です。教師たちは、毎日生じる奇声やこだわり行動、立ち歩き、オウム返しなどから自閉症のような障害を強く感じています。しかし、保護者は、わが子に障害があるとは決して認めようとしないのだそうです。そして、先生たちにも級友にも「普通に」かかわってほしいと言います。N先生は保護者会でのO君の母親のとりつく島のない態度に、大変衝撃を受けました。「学校での様子から、これまで彼を育ててきたお母さんはもっと困っているのではと思っていたのですが」と言うのです。

O君は一人っ子。母親の話では、父親も彼のことを「普通」と信じているとのことでした。母親は具体的には話しませんが、これまでいくつかの専門機関を受診したことがあるそうです。しかし、どこでも決定的な障害名を告げられたことはなかったと言います。

O君の学校での問題は次のようなものです。

・授業に集中できず、飽きると奇声を上げたり立ち歩いたりするため、授業が中断される。
・学習についていけないため、漢字や単語など単純記憶で獲得するもの以外は、学力が低水準のままである。
・文章を理解する、聞かれたことの意味を理解するといった意味理解力がきわめて弱く、問われたことをそのまま言う「オウム返し」になることも少なくない。

・言葉でのコミュニケーションが成り立たず、何を考えているのか、何をしたいのかがわからない。
・保護者の言うように「普通」にかかわるためには、教師や他の生徒の特別な配慮や忍耐が必要となり、通常の学級の中でそれを完全に行うことは非常に難しい。
・幼さや欲求不満などの問題を持つ生徒の中には、憂さ晴らしのようにO君をからかったり、嫌がらせをしたりしてO君の心を悩ます者がいる。

O君の両親に、現在の教育環境がO君の成長にとって本当によいのかを、教師とともに検討しようという姿勢がまったくないことも大きな悩みでした。

保護者の言葉の背後に

O君の行動が、学校と家庭でがらっと変わることはあまり考えられません。ただ、一人っ子のO君は、きょうだいの行動を模倣する機会はありません。また、両親もきょうだいの行動と比較してO君の行動を考える機会がなかったことはたしかです。

しかしそれにしても、幼稚園と小学校時代にO君の両親は他の子どもをたくさん見ているはずです。彼らと比較してO君の行動が変わっているのではないか、遅れているのではないかと心配することは本当になかったのでしょうか？　あるいは、これまでO君とかかわった教師たちからO君の行動について指摘されることはなかったのでしょうか？

「対人関係以外、心配したことはありません」と、お母さんは明るく断言します。また、学区外からの転入生だったために、O君についての小学校からの情報も通り一遍の書類だけでした。N先生はお母さんの語る「タイジンカンケイ」という言葉の意味をもう少し詳しく聞きたいのですが、「それ以上聞けない雰囲気」がバリアーのようにいつも漂うため、まだ心を開いて話し合う機会はないとのことでした。

O君のお母さんの言葉の背後に何があるのか、私なりにいくつか仮説を立ててみました。

① **問題に直面することを回避**……わが子の様子や問題はそれなりに気になっているが、わが子を「障害児」と認めることが怖かったりつらかったりするため、わが子へのコメントを都合のよい方向に解釈したりして、問題に直面することを避けているかもしれません。

② **問題を部分的にしかとらえない**……子どもの発達について正しい知識や、わが子の発達を他児と比較検討する視点を持たず、心配を「対人関係」というあいまいで部分的なものに限定することで、わが子の全体像を正しくとらえることができない場合もあります。

③ **通常学級に在籍させるため**……わが子の発達的問題をそれなりにとらえてはいるが、教育環境としては通常学級のほうがよいと考えており、その教育環境を何とか確保するために意図的な言動をとっていることもあります。

④ **精神的混乱を避けるため**……わが子の問題で悩みくたびれ果てたために、「多面的に考える」「さまざまな意見を取り入れて考える」「わが子の状況に沿って考える」といった行動がとれず、わが子についての説明と方針をできる限り単純化しワンパターン的に繰り返すことで、何とか混乱をまぬがれようとしている場合もあります。

障害を認めることの難しさ

わが子の障害を受け入れることの難しさと、障害児の保護者への基本的配慮事項については、この章の他の節でもふれています。その中で私はこのように記しました。『障害認知』という言葉があるように、わが子の障害を正面から認め、ありのままのわが子の姿を受け入れるまでに、他人には容易にわからない心の旅が必要なのです」と(一二七頁参照)。

私は、E・キューブラー・ロスの名著『死ぬ瞬間』と出合ったとき、障害児の親にとってこの旅は、ロスが記するところの、死を宣告された患者が自らの死を受け入れるまでのプロセスと似ていることに気づきました。死はまぬがれないと宣告された後、多くの患者は次のようなプロセスを経ることをロスは見いだしています。

① 驚きと、否認—「まさか、うそでしょう」

② 怒り—「なぜ、私が！ 私が何をしたって言うのか」

③ 取引—「助けてください、何でもします」

④ 抑うつ—「やっぱりだめだった」

⑤ 受容—自分の死を受け入れ、認めていく

私がこれまでかかわってきた重度の障害児のお母さんやお父さんも同じでした。わが子の重い障害を認めることは、わが子が「健常者」としては生きることができないことを認めることでもあるからです。特に小学校や中学校のときは、まだ①〜③の段階にいることが多く、障害を容易に認めないばかりか、怒りがカウンセラーである私に向けられることさえありました。

こちらは一生懸命かかわっていたのに、親のほうはより〝よい〟治療者を求めていつの間にか別の機関に通っていることも何度かありました。

そうした親の言動に出合うたびに、私は、このN先生と同じく、戸惑ったり時には怒りを感じたり、自信を失ったりしたものでした。しかし、ロスは、こうしたプロセスは障害（死）を受け入れるためにだれにでも生じる必要なプロセスであることを、私に教えてくれたのです。

事実、わが子の障害を治せない私たちを激しく非難した親も、ものすごい行動力であちこちの病院や療育機関を探し歩いた親も、わが子の障害がまぬがれようがないもので、少しずつ改善はされるものの健常児とまったく同じにはならないことを知ると、ロスの言う「抑うつ」の段階に入ります。一気に白髪が増える人もいます。かつて私たちの非力さを非難したあの勢いがなつかしく思えるほど、静かにあきらめの心境を語るようになるのです。そして、穏やかな気持ちでわが子の障害を受け入れるようになります（原因不明の障害の場合、親がわが子の障害を認知するのは、子どもが義務教育を終えて一、二年してからだという人もいます）。

O君のお母さんの変化

N先生といろいろ検討した結果、O君のお母さんの言葉の背景には、(1)から(4)まですべての事柄が関係しているように思えました。N先生はO君のお母さんの言葉の背後に、たった一人のわが子が得体の知れない障害を持っていることの苦しみや、それを認めてしまうことへの精神的葛藤があることをふまえ、とりあえずはO君の学校での問題をやっきになって伝えようとしていたはたらきかけをやめました。

いま一番優先されることは何か。そう考えたとき、何よりもO君が学校生活に少しでも充実感を感じることではないかと、N先生は考えました。「O君はどの部分で学校生活に参加できるのだろうか？」「他生徒と重なり合う部分は何か？」「共有できる時間はどのくらい続くか？」「O君なりの長所は何か？」などを、学年の他教師とともに探したのです。そうして発見したことを、O君のお母さんにときどき電話で伝えるようにもしました。

最近のN先生からのお手紙に、不思議な変化が記されていました。O君やO君のお母さんを身近に感じるにつれて、N先生の中ではじめの頃あれほどこだわっていた障害名が、最近はどうでもよくなっている、というのです。

「O君のお母さんと一緒にO君の成長を語り合いながら歩んでいる――そんなスタンスです」と。

専門機関の受診をすすめるとき

本人と保護者の話にていねいに耳を傾け、学校や教師に対してプラスの体験を積んでもらってはじめて専門機関受診を投げかけてみることができるのです

不可解な言動に専門機関の受診をすすめたいのですが

中学一年の男子生徒P君は、小学校五年頃より不登校気味とのことで、現在も週に一、二回学校に顔を出す程度です。登校した日は、トラブルをよく起こします。問題は、P君の言動が一方的で不可解なことです。担任に対して理由なしに「死ね」などと暴言を吐くこともあるのです。親はそれほど危機意識を持っていません。おおまかにP君についてこんなふうに説明されたあと、P君の担任は、遠慮がちにこうおっしゃいまし

た。「学校としては、一度専門機関での受診をすすめたいのですが」

発達障害？　それとも精神障害？

Ｐ君の問題の原因を考えるために、私は担任の先生に、①Ｐ君の問題行動の中身、②Ｐ君の家庭状況と両親の受けとめ方、③Ｐ君に対する学校側のとらえ方、などを聞いてみました。

(1)　Ｐ君に関するエピソード

・登校した日は興奮気味で、まず職員室で誰彼かまわず自分の興味あることを一方的にしゃべり続ける。
・しゃべる内容は、哲学、数学、思想、政治など難しい内容ばかり。しかもとりとめなく話すので、何を言っているのかよくわからない。
・こちらが中学一年生が興味を持ちそうなゲームのことやタレントのこと、サッカーのことなどに水を向けても無視して、自分の話題ばかりしゃべる。
・教室には「いじめられるから」と言って向かおうとしない。Ｐ君は他学区よりの転校生で、いじめを受けるようなかかわりはない。無理に教室に誘おうとすると、「お前も仲間か！」などとわけのわからないことを言う。

・いじめから自分を守ると言ってナイフを持ってきたこともあった。

・まだ十分かかわっていない同級生のことを、「あいつらはレベルが低い」「ブタ野郎」などと侮蔑したりする。

・教師が注意すると、「このまぬけが」「ばかやろう」といった言葉をためらいもなく言い放つ。教師―生徒という関係意識がまったく見られない。

・職員室で注意されたり、だれからも相手にされなかったりすると、図書室に行き一人で本を読んでいる。ここでも「この学校はレベルが低い！」などと閲覧用の本を手にしてばかにしたりする。

この他にもたくさんP君に関するエピソードが語られました。週に一、二度登校するわりには、ずいぶんエピソードが多いなあと私は思いました。

(2) P君の家庭状況と両親の態度

P君は一人っ子、父親はコンピュータ関連の会社員、お母さんは専業主婦です。前述のように中学校入学時に転居してきました。転居理由については、「いじめられ体験や不登校体験のあった学区の中学校への進学を避けて、心機一転して中学生活を送るため」と、入学時に校長先生から学級担任は知らされました。

しかし、P君の学校での様子を家庭に伝えても、両親の態度がいまひとつ解せない、と相談に来られた担任の先生は言います。P君のお母さんとこれまで何度か面談しましたが、共通理解に至らなかったとのこと。「家ではおとなしい子、小学校時代にいじめを受けて、そのせいで学校を恐れるようになった」「本人なりにがんばって登校しても、先生方が無理解ではPがかわいそう」と、暗に学校を非難する言葉が出たこともあったそうです。

お母さんから聞くところによるとお父さんも、「自分もいじめられっ子だったからPの気持ちはよくわかる」「Pは個性的に生きている」と、現在のP君の状態をそれほど深刻に考えている様子ではないとのことです。

(3) P君に対する学校側のとらえ方

スクールカウンセラーの見解は、P君は言動からするとアスペルガー症候群等の発達障害のようにも思えるし、もしかすると統合失調症のような精神疾患かもしれないとのことでした。いずれにしてもこれまで専門機関に相談したり受診したことはなさそうなので、今後どのようにＰ君の親に伝えたらよいか迷っているとのことでした。

専門機関にどのようにつなげるか

最近、このような何らかの発達障害のためなのか、それとも精神障害のためなのか、判断に悩むケースがときどき話題になります。発達障害であれば特別支援教育も含めて今後の教育を考える必要があります。また、精神障害であるなら精神科医療が必要となります。しかし、よかれと思っても、保護者の納得が得られないまま専門機関の受診をすすめたりすると、人権上の問題にもなりかねません。こう考えてことなかれ主義の対応になり、適切な対応が大幅に遅れてしまう場合も少なくありません。

担任の先生のお話をうかがい、私も、Ｐ君の行動の中に被害妄想とも言える言動や行動や思考の混乱のようなものが感じられること、たくさんの先生方とかかわっているわりにはＰ君からの一方的なかかわりで、心の相互交流が形成されていないこと、状況判断力が未熟なのか低下しているのか、いずれにしても状況にふさわしくない言動が頻繁に見られること……などの理由から、教育相談の域を越えて医学的診断が必要な生徒だと思いました。問題はどのようにして精神科クリニックなどの専門機関の受診をすすめるかです。

このP君の場合、次のような方法が考えられます。

(1) 少しまとまった時間をつくり、P君と静かな部屋でじっくり面接する

P君が一方的に話し続けるのは、①答えることに心理的抵抗がある、②相手の問いかけの意味を理解できず、問いかけとかみあった適切な返答がうまくできない、③他者に対する関心が十分育っていない、などさまざまな原因が考えられます。

まずP君の世界に関心を示し、彼の話に耳を傾け、こちらからも話題に関連した質問をしてみてはいかがでしょうか。自分の得意な領域での質問にはかみあった答えが返ってくる場合もあります。また、こちらを気遣いながら話しているかなどに注目してみます。職員室のような集団場面ではハイテンションになり一種の防衛反応として一方的な言動になっている可能性もあり、落ち着いた一対一場面では異なる面も見られるかもしれません。

登校していないときの家庭での過ごし方や、これまでの小学校でのつらかったこと、楽しかったこと、家族とのかかわりなども、話の流れの中で聞いてみてもよいでしょう。大

切なことは情報を得ることではなく、先生が自分の話を興味を持って真剣に聞いてくれる、という気持ちにＰ君がなっていくことです。〝先生のよさ〟を少しでも体験することがかかわりのスタートなのです。

(2) 保護者の訴えに耳を傾ける

Ｐ君同様、ご両親の中にも一種の学校に対する「マイナス体験」があるのかもしれません。つまり、Ｐ君の両親とはマイナスからのスタートなのです。それを何とかプラスに持っていくためには、Ｐ君のお父さんやお母さんが「プラスの先生体験」と「プラスの学校体験」を積んでいくことが必要です。

先入観を持たずに親の訴えにていねいに耳を傾けるのです。はじめはＰ君同様一方的に親の見解を訴えるだけだったり、こちらの話になかなか理解を示さないかもしれません。防衛的にかまえてしまうと心が固くなり、ワンパターンで同じ主張を繰り返したり、こちらがよかれと思って行うことも被害妄想的に受け取ってしまったりするものです。

(1)(2)のプロセスによって子どもも親も先生や学校の「よさ」を感じ、「先生はぼくのことを大事にしてくれる」「学校はやるだけのことをやってくれている」と感じたときに、はじめて次の専門機関につなぐことができるのではないでしょうか。

(3) 専門機関受診を投げかけてみる

直接専門機関をすすめる方法と、はじめは校内のスクールカウンセラー、地域の教育相談所など、心理的抵抗の少ない教育相談(機関)を紹介し、そこから専門機関につなげていく方法があります。

いずれにしても、あらかじめ専門機関に学校での様子を伝え、学校としての悩みや危惧を伝えておきます。「~で困っています」という言い方よりも「~なので心配しています」という言葉を用い、「学校だけの視点ではなく、専門機関からの助言もいただきながらP君とかかわっていきたいと思います」と投げかけてはいかがでしょうか。「P君は~の疑いがあります」といった決めつけるような言い方は禁物です。

もし直接専門機関を紹介する場合には、あらかじめ場所や予約制か否か、交通機関、大まかな料金などを把握しておくべきです。専門機関をすすめておきながら、いざ保護者に「どこに行けばよいでしょうか」と尋ねられたとき、こちらに何の準備もないのでは失礼だからです。「こんなクリニックがあるので一応お知らせしますが、いろいろお調べになって他によい病院やクリニックがあればお知らせください」と、保護者自身の選択を尊重します。投げかけるだけでいいのです。先生や学校との間に少しでも信頼関係が形成されていれば、保護者が本当に困ったり悩んだりしたときに、その投げかけが生きるはずです。

(4) どうしても保護者が動かない場合

どうしても保護者が動こうとしない場合には、学校関係者のみで専門機関を訪れ、学校としての対応方法について助言を求めるとよいでしょう。

*

このプロセスを読まれて「何とまどろっこしい」と思われた方もいるかもしれません。しかし、他機関を紹介するということはデリケートな問題なのです。先生や学校から見捨てられたような気持ちになったり、わが子を「精神病」扱いされたと感じたり……。十分すぎる配慮があってはじめて先生や学校の真意が伝わるのです。

第4章

校内での協力関係に悩む先生へ

不登校問題に学校としてどう取り組むか

立場の異なるメンバー同士がいかに相手の役割と「よさ」を理解し協力し合うかが、校内連携のポイントです

不登校対策委員会は何をすればよいか

「全校生徒六〇〇名の中学校ですが、不登校生徒が四〇名近くいます。同僚教師たちはそれぞれが一生懸命なのですが、一方で無力感も漂っています。今年度から校内に不登校対策委員会ができましたが、まだ具体的な方針が決まっていません。私は教育相談係として委員会のメンバーとなっています。これから委員会に何を提案していけばよいでしょうか」

ある先生のこんな質問を機に、不登校問題に学校としてどう取り組むかをできるだけ具体的に明らかにしたいと思います。

無力感にとらわれないために

「自分以外の教師だったらもっと適切に対応していたのかもしれない」、こんな思いにとらわれたとき、あなたならどうしますか？

一生懸命で内省的な教師であればあるほど、指導がうまくいかないときに自分を責めてしまいがちなものです。教育カウンセラー時代の私もよくそういう思いにとらわれ、しまいには「自分はカウンセラーに向いていない」という結論になってしまうこともよくありました。

しかし、経験を重ねていくと、うまくいくケースもうまくいかないケースも両方あり、うまくいかないケースの原因もさまざまであることに気づくようになりました。

特に、ケースの状態が重く原因も複雑で深い場合と、問題が個別的ではなく構造的な場合には、相談がなかなか実らず無力感に陥りやすいことがわかってきました。前者は問題解決までに多くの時間を要し、後者は一件落着と思ってもまた次から次へと問題が発生します。つまり、だれが担当しても簡単にはいかないケースなのだということがわかったのです。

それ以後、私は無力感にとらわれそうになったときにはケースが「重すぎ」ないか、「構造的」ではないかをチェックするようになりました。これだけの先生方がこれだけがんばってもうまくいかないなら、発想を変えて考えよう、というわけです。

不登校問題の「構造的原因」とは？

構造的原因とは、一つひとつの問題に対して対応し解決していっても、ある構造が変わらない限り問題が生じ続ける場合に想定される原因のことです。

例えば私は、「登校行動の条件」をどの程度満たしているかという視点から、不登校の原因を考えることがよくあります。

登校行動の条件とは次の四つです。

① 「学校は行かなければならない」という内的規範が確立している。

② プラスの学校体験(友達との交遊、先生との信頼関係、部活での評価など)がある。

③ 家庭の外に出て、外の世界で活躍するための原動力—「心のエネルギー」が満たされている。

④ 学校という社会で生きていくための社会的能力が備わっている。

例えばこんなふうです。学区内のある地域では崩壊家庭が多く、怠学的不登校児童生徒が急増しています。保護者にはわが子の問題に取り組む精神的ゆとりがなく、さらに、不登校の兄姉を見て育つ年少の子どもたちも、不登校に陥ってしまうのです。

こんな状況があるときに、「不登校は構造的に発生する」と言えるでしょう。この場合には、登校行動の①から④のすべてにおいて問題が深く、その中で比較的改善されそうなものから取り組み、一つでも二つでも登校行動の条件を満たすようはたらきかける必要があります。

あるいは、校内にいじめ問題がつねに存在するため、いじめを回避するために不登校状態になっている子どもがいる場合も、「構造的」と言えます。登校行動の条件の②「プラスの学校体験」に構造的な問題があるからです。

その他、不登校の構造的な原因としては、

・学校教育に無関心、あるいは不熱心な家庭が多い（登校条件①の欠如）
・地域がら、あるいは家族構成上（祖父母、曾祖父母などに甘やかされる、など）、がまんや耐性が十分身についていない（登校条件④の欠如）
・子どもがその子の力に応じて活躍したり、認められたりする機会が少ない（登校条件②③の欠如）
・学力的に授業に参加できない子どもがたくさんいる（登校条件②③の欠如）
・部活動の指導が行き届かず、部活動でのトラブルが多い（登校条件②の欠如）
などがあります。

校内体制の充実のために

(1) 客観的なアセスメント

もし、構造的な問題がわが校には多いのではないかと感じられる場合には、不登校の形成要因となる問題を客観的に評価することをおすすめします。

最近ではさまざまな視点からの評価を「アセスメント」と呼ぶことが増えました。次のようなアセスメントがあげられるでしょう。

［子どもたちの心の満足度、社会的能力、ストレス度、対処力などを調べるもの］

①『ＫＪＱ』……子どもたちの心のエネルギーと社会的能力の獲得状態を自己評価させる。ワークブック教材つき。（菅野純、実務教育出版）

②児童用／中学生用メンタルヘルス・チェックリスト

③小学生版心理的ストレス尺度／中学生用学校ストレッサー尺度……子どもたちの学校におけるストレスの種類と度合い調査。

④小学生用／中学生用ストレスコーピング尺度……子どもたちのストレス対処力を調査。

⑤中学生用ソーシャルサポート尺度……子どもたちのソーシャルサポート（心を支える人間関係）を調査。

（②③④⑤は、パブリックヘルスリサーチセンター著『ストレススケールガイドブック』実務教育出版、二〇〇四年、所収）

［子どもが学校や学級をどのようにとらえているかを調べるもの］

⑥学校環境認知質問紙……「学級への親和」「学級での孤独感」「教師の管理―受容」「学業成績の負担」などを調査。（平田及美・菅野純・小泉英二、『カウンセリング研究』32巻No.9、

一九九九年、所収）

⑦　学級風土質問紙……「学級活動への関与」「生徒間の親しさ」「学級内の不和」「自然な自己開示」「規律正しさ」「学級内の公平さ」「学級への満足感」「学習への志向性」などを調査。（伊藤亜矢子・作成、二〇〇一年、お茶の水女子大学生活科学部発達臨床講座研究室）

［校内の教育相談体制や教師の意識を調べるもの］

⑧　所属校の校内教育相談に関する質問尺度……校内教育相談体制の整備状況や教師の意識を調査。（伊藤美奈子、堀洋道監修『心理測定尺度集Ⅲ』サイエンス社、二〇〇一年、所収）

⑵　フィールドワーク

ポイント①　校区の歴史や風土を広く調べていく

地域の原型（農村、山村、宿場町……）、過去の育児習慣、子ども組織、青年組織、成人の組織、他地域からの人口流入状況などを把握する。

ポイント②　地域と学校とのかかわりを把握する

親たちの学校体験、過去の教育トラブル、社会教育施設や福祉施設とのかかわり、スポーツクラブや学習塾などの機関の影響力などを把握する。

もしかすると、保護者の中にはかつて校内暴力時代に教師とぶつかったままで、学校や教師と和解を見ないまま親になった人もいるのではないでしょうか。あるいは、保護者自身がかつて不登校だったことも。また、地域住民の学校に対する姿勢もさまざまです。機会をとらえて地域行事などに参加し、学校に対する期待や要望、不満などについて理解しておくことも大事です。

(3) 校内組織の体制化

校長先生のしっかりしたリーダーシップがまず大切です。その他、教頭、主幹、学級担任、生徒指導主事、学年主任、養護教諭、スクールカウンセラー、各種相談員、そして不登校担当のコーディネーターなどが互いの立場を理解し合い、連携していくことが大事です。

これからの不登校指導は、つながりが大切であると言われています。これまでのように、学級担任が孤立無援状態で一人悩んでいたり、教育相談の研修を受けている先生に任せてしまうというあり方はなくすべきです。一人の子どもをめぐって立場の異なる複数のメンバーがどれだけ協力できるかが問われているのです。

不登校対策委員会を校内のどこに位置づけ、どんなメンバーで構成するかについて、よく検討してみてください。

(4) 校内の早期状況把握

毎年校内で「気になる子ども」をリストアップし、共通理解に努めている学校があります。こうした資料が何年も積み重なると、一人の子どもの発達や問題の変化を把握することができ、子どもの問題への「見通し能力」アップにつながります。

幼稚園や保育園から小学校、小学校から中学校へのつなぎ目も大事にしたいものです。それぞれ連絡会を開き、気になる子どもや心配な子どもについて情報を交換しておくことが望ましいのです。

国立教育政策研究所が行った「中一不登校生徒調査(中間報告)」(http://www.nier.go.jp/shido/futoukou.pdf 参照)の解説には、「直前の小学校六年時に不登校になっていたかどうかで中学校一年時の状況が大きく左右されている」という結果をはじめ、小・中連携の重要さを示唆する貴重な内容が報告されています。

また、そこに引用されている「新入学生の小学校時の状況調査票」と「不登校等個人記録票」のフォーマットは、これから具体的に小・中連携活動と個別資料づくりを始める学校にとっては大変役立つものです。

不登校対策委員会では、必要に応じて、①ミニ事例研究会を開く、②緊急重要事例へのワーキンググループをつくる、③各種アセスメントの統一管理を行う、④教員や保護者向け研修会を開く、⑤事例に応じて委員会として対応したりする、⑥家庭や外部関連機関へのつなぎやフォローを行う、などの活動が考えられます。

校内の状況を早期に把握し、自分の学校では不登校対策委員会でどんな活動が必要かを見極めながら、提案する内容を考えていくのがよいと思います。

交流教育の難しさに出合って

何が交流教育を豊かなものとしたかなど、校内の先生が交流の意味を自分のこととして探求してみたいものです

子どもの冷たさ

「本校では、特別支援教育に向けて通常学級との交流がずいぶん多くなりました。しかし、まだ通常学級の受け入れ体制は十分でなく、特に学年が上がるにつれて、障害のある子どもに対して心を傷つけるような言動が見られたり、いじめとも言えるような行動が増えてくることが非常に気になり、交流に際しての指導について悩んでいます」

相談された先生は、特殊学級の担任をされている経験豊かな先生です。「私たち特殊学級

担任の校内へのはたらきかけも十分ではなかったのですが……」と、謙虚な方でした。通常の学級との交流が、運動会などの学校行事に限られたときには目立たなかったことが、近年交流が増えてくるにつれて顕在化したのか、それとも一般に最近の子どもたちに見られる共感性の乏しさや社会的行動の幼さが反映しているのかよくわからないけれど、〝子どもの冷たさ〟を感じることが増えたと言われたのが、私には強く心に残りました。

その学校では、音楽や体育、子どもが得意な科目の授業と、給食、学校行事などで交流を行っています。あるとき、五年生のクラスと交流を持っている男児のノートに「バカ」といった落書きが何度も書かれていました。給食のときに何も食べずに泣いて特殊学級に戻ってくることもありました。本人に尋ねても「怖いの、怖いの」と言うのみで、何があったのか、何と言われたかがわかりません。

担任が交流学級に行って何人かに聞いてみても、「知らない!」「私に言われたって困る」「あの子も悪いんじゃない」といったそっけない返事。やっと手がかりを得たのは、ある女の子のこんな言葉でした。

「給食当番なのに、困るんだよね!」

よく聞いてみると、給食当番の男子は仕事をサボるし、〝特学の子〟はサボらないけれどももたもたして役に立たないので、その子に向かって怒鳴ったのだそうです。「この役立たず！」と。

子どもたちの冷たさの背景

低学年の場合には、多くの子どもたちは先生の言葉どおり障害のある子にかかわろうとします。もちろん、どうはたらきかけてよいかわからず戸惑ってしまったり、うまく気持ちが通じずはたらきかけた本人がじれてしまったり、怖がったりすることはあります。しかし、露骨に差別するような態度をとりません。むしろ先生の教えどおり、いたわりや思いやりを積極的に示そうとするのではないでしょうか。

一方、高学年になると、子どもは当然知的にも社会的にも成長してくるはずです。にもかかわらず成長とともに、相談にもあるような〝冷たい〟反応や対応が見られるようになるのはなぜでしょうか？

私なりに理由を四つあげてみます。

(1) 思春期に近づくとともに精神的ゆとりがなくなる

子どもは成長とともに心身ともに大人になるはずなのですが、まだ小学校時代は大人としての完成までには程遠く、せいぜい思春期の入り口にたどりつく程度です。この思春期は「思春期危機」という言葉もあるほど内面が揺れる時期でもあります。この時期の子どもたちは上級生として学校生活には慣れてはいても、精神的には自分のことで精一杯の状態にいると言ってもよいでしょう。ゆとりのない心が「冷たい」対応を招いてしまうのかもしれません。

(2) 否定し乗り越えてきたかつての自分を見てしまう

本当はもっと甘えていたい、気ままに過ごしたい、幼く見守られていたい、急がずゆったりとしていたい……こんな気持ちを自分なりに克服しながら子どもは成長します。ところが、やっと自分が克服したばかりのことを、平気で何の迷いもなくやっている子どもを見ると、多くの子どもたちは複雑な気持ちになるはずです。おそらく「いいなあー」という気持ちと「許せない」という気持ちが入り交じったものでしょう。

実は、この時期の子どものいじめはこうした背景を持つものが少なくないのです。子どもは否定して乗り越えてきた自分が目の前に現れたかのように感じ、激しく露骨に否定するのではないでしょうか。

(3) 大人の差別感を反映する

障害のある子どもとの交流を私たち大人は子どもに求めているのですが、それでは大人はどれだけ障害のある人と交流をしているでしょうか？ 現実の大人の社会ではおよそ「障害者との交流」といったものはまだまだ一般化していません。そればかりか、いまだ陰に陽に差別が存在します。大人に近づく子どもたちが大人の行動を模倣する過程で、こうした差別的態度をもまねてしまうこともあるのではないでしょうか？

(4) 教師の目の届かない行動が増える

低学年の子どもの行動は教師の目の届く範囲で行われ、その分だけ指導が徹底できますが、高学年になると行動範囲も広くなり、教師の気づかない問題行動も増えていきます。それが遊びなのかいじめなのか、あいまいでよほどよく見ていなければわからない行動になったりもします。また言い訳の言葉も上手になり、教師の指導をかわすことも巧みになります。

こうした変化の中で、障害のある子どもがたいした理由もなくうさ晴らし的にからかわれたり、いじめられたりすることもあるのです。

交流教育の方法の確立を

わが国の学校教育は、長い間、障害のある子どもを隔離して教育するという特殊教育論に基づく教育でした。交流教育も特別支援教育も、学校現場から必然的に生じてきたものではなく、どちらかというとトップダウン的に降って湧いた感が否めません。

それゆえ、交流教育や特別支援教育について学校教育の現場で、試行錯誤を重ねながら方法を確立していくことが必要です。無自覚のまま交流を続ければ、結局は障害のある子が学校教育から締め出され、隔離教育のほうが平和でよかったという結果に終わるのではないでしょうか(しかも、そのとき通常の学級は、これまで以上に閉鎖的になっているかもしれません)。

現時点での交流教育の留意点をあげてみます。

(1) 学校として

〔教育指導の柱に据える〕　交流教育を学校教育の中にどのように位置づけるかによって、学校としての交流教育への姿勢は決まるのではないでしょうか。校内教職員の話し合いで交流教育の意義や意味をどれだけ明確にできるかが重要になります。

〔校内体制づくり〕　交流教育のあり方を検討したり、問題を解決したり、障害について検討する校内組織をつくり、話し合ったことの実現化や行動化をはかります。

〔管理職の態度〕　管理職としての明確な姿勢を子どもたちに伝えます。もし児童の間で差別的な言動が見られたら、朝礼などで校長先生は毅然たる態度で、「私は、○○小学校の子どもが人を平気で傷つけたり差別したりするような子であってほしくない！」と伝えることが大切ではないでしょうか。同時に、校内で見かけた思いやりのある行動などを、具体例を示してほめたりすることも大事です。

〔保護者への啓蒙〕　交流教育の原点は家庭でもあり、親の協力が必要です。交流のもたらす豊かな情緒や思いやり、大人心、愛他的行動などの育成について理解と協力を求めます。親からの疑問や質問、アイデアなどを積極的に受け付け、風通しをよくしていくことも同時に心がけます。

⑵ 通常学級の担任として

［障害のある子を受け入れる自覚］　教師の態度を子どもたちは見事なくらい反映します。先生が「お荷物をかかえた」と思えば、子どもたちは交流児をやっかいものとみなすでしょう。大切なクラスの一員という気持ちで受け入れ、その子について特殊学級担任から必要な情報を積極的に得ていくといった姿勢も欠かせません。

［日頃の見守り］　交流児が安心して過ごせるよう、「いつでも応援しているよ」「困ったときには言うんだよ、先生に」と、いつもどこかで見守られていることを伝えます。コミュニケーションが難しい場合には、クラス委員などに協力を求め、休み時間などの気になる様子を教えてもらうことも一つの方法です。

［問題が生じたとき］　差別的行動、いじめなどが生じたときには、管理職の場合と同様、毅然とした態度で対応します。先生の態度(迫力)が子どもたちの心に必ず響くはずです。

［クラス全体の動向の読み］　クラスの子どもたちが愛情飢餓状態に陥っていないか、窮屈すぎないか、陰の勢力に支配されていないか、生き生きと学校生活を送っているかなどにいつも目配りすることも必要です。

［問題をオープンにする］　交流関係で問題が起きたときには、閉鎖的にならず校内にオ

ープンにしていくことです。個別の問題ではなく、その学校の教育全体の問題だからです。

(3) 特殊学級の担任として

［日頃の教師間コミュニケーション］　何事も生じていないときに、交流学級の教師との人間関係を育て、風通しのよい学級経営を心がけます。

［親への投げかけ］　親たちの不安を受けとめることも大切です。家庭ではどんな言葉かけをして交流教育に送り出すかをアドバイスします（通常学級の先生と級友の名前を覚え、交流のあった日はその子たちの名前を入れてわが子に質問してみるなど）。

［交流学級児童との交流］　交流学級の子どもたちとの人間関係を大事にしていきます。

［校内への報告］　ときどき交流教育について特殊学級側からの報告を行い、その成果をフィードバックすることも必要です（同時に、通常の学級側からの報告もあるべきです）。

＊

交流の意味の探求……何のための交流教育か、交流教育で得たものは何か、何が交流教育を豊かなものとしたか、などを校内の教師たちが自分のこととして探求していくことが、次の特別支援教育につながっていくはずです。

学校とスクールカウンセラーとの連携のために

子どもが二者関係にとどまらず社会的関係を開くにも、かかわる大人の関係づくりが大切です

相談室登校のままでよいのでしょうか?

「本校では、不登校気味の生徒が、スクールカウンセラーなどのカウンセリングを受けたあと、相談室登校となるケースが少なくありません。相談室では同じような問題を持つ仲間と和気あいあいで生活しているのですが、そこから教室に戻る生徒が一人もいないのです。そればかりか、教室の敷居がどんどん高くなっていくのではないかと感じることさえあります」

このご質問をくださった先生は、スクールカウンセラーと校内の一般の先生方のつなぎ役をしている中学校の教育相談係の先生です。

お話によれば、校内には臨床心理士のスクールカウンセラーと、その市独自で配置している「こころの相談員」がそれぞれ週一日ずつ出勤しているそうです。相談室登校をしている子どもたちは、二人のカウンセラーの勤務日は登校しても、それ以外の日は休んでしまうとのこと。はじめは教室に通いながら週一日カウンセリングを受けていた生徒たちですが、いつのまにかそうなってしまうというのです。

このために、「カウンセリングを受けたためによけい悪くなってしまう」などと陰口を言う先生や、相談室での生徒の様子が十分伝わってこないために、指導をカウンセラーに任せっぱなしにしてしまう先生もいると言います。

この相談には、

① 不登校の子ども自身の問題、

② スクールカウンセリングのあり方の問題、

③ スクールカウンセラーの校内での役割や位置づけの不明確、もしくは共通理解の不徹底

という問題が隠れていそうです。

相談室から教室に戻れない原因

まず、生徒側の問題を考えてみましょう。不登校気味の生徒がスクールカウンセラーのカウンセリングを受けたあと教室から足が遠のいてしまい、相談室登校が続くようになってしまう原因はいくつか考えられます。

① 心の問題の根が深い……本来ならもっと早く不登校状態に陥るか、完全不登校になるところを、カウンセリングによってかろうじて学校とつながっている場合です。スクールカウンセラーとの一対一の二者関係によって少しずつ心を開き、心のエネルギーを蓄積している状態とも言えるでしょう。

② 癒されたい……相談室では緊張を強いる授業も評価もなく、自分のペースに合わせてもらえます。がんばりすぎて疲れた心や、「いい子」であることに息切れしてしまった心が癒しを求めることができるのです。教室に行くと元の自分に戻ってしまいそうな気がするために、行きにくくなる場合もあります。

③ より守られたい……いじめ、いやがらせなどに悩む子には、相談室は安全な場所です。

心をかき乱したり傷つけたりする人もいません。むしろ同じようなつらさや悩みを持った仲間がいるので、孤立せずに安心して過ごすことができます。教室に対してはまだ安心感が持てない場合に相談室登校状態が続くこともあるのです。

④ 先生が放任している……本当はまだまだ教室復帰のエネルギーが残っているにもかかわらず、その手がかりをクラス担任や教科担任から与えられず、本人もそのチャンスをつかめないまま、なんとなく楽なほうに流れてしまっている場合もあります。

⑤ カウンセラーが必要以上に抱え込んでしまう……教室復帰のエネルギーはけっこう回復しても、カウンセラーがかまえすぎ、一般教師やクラスメートへの不信感や警戒心が強いために本人を守りすぎ、復帰する機会を逃してしまう場合もあります。

学校とスクールカウンセラーの連携のために

このように、一見「教室復帰につながらない」という問題でも、その原因はさまざまです。カウンセリングを受けている生徒や相談室登校している生徒について、スクールカウンセラーと先生方との間で忌憚ない意見を述べ合い、よく検討し合うことが必要です。

こうした話し合いは、学校とスクールカウンセラーの連携のひとつと言えますが、微妙に立場の違うもの同士の連携は、決して簡単なことではありません。

学校とスクールカウンセラーは、それぞれ次のようなテーマを抱えているのではないでしょうか。

① **学校側のテーマ**

・スクールカウンセラーや相談員の職務は、明確になっているか？
・校務分掌におけるスクールカウンセラー等の位置づけは明確になっているか？
・職員室にもスクールカウンセラー等の居場所が確保されているか？
・校内の会議へのスクールカウンセラー等の参加と発言の機会がたくさん設けられているか？
・教員研修会・地域での研修会などに積極的にカウンセラーを招いているか？

② **スクールカウンセラーや相談員の側のテーマ**

・病院臨床モデルから独立した学校カウンセリングモデルを基準にしているか？
・学校教職員との交流に心がけて参加しているか？
・相談室の活動の広報を十分に行っているか？
・相談室にこもったり守秘義務を振りかざしたりせずに、オープンな姿勢で教職員とかかわっているか？

学校カウンセリングモデルとは

学校は、精神的に健康な子どもが中心の教育機関です。特に多くの子どもたちは、さまざまなつまずきに出合いながらも、最終的にはそれらを糧にしつつ成長発達していきます。それゆえ、学校カウンセリングでは、精神的につまずいたり疲労したりする側面だけではなく、子どもの成長発達していく健康的な側面を考慮に入れたカウンセリングが必要とされるのです。時には、この成長発達力に賭けてみるはたらきかけも必要でしょう。

もちろん、心のエネルギーが枯渇しくたびれ果てた子どもにはていねいにかかわり、少しずつエネルギーを回復させながら混乱した心を整理し、その子なりの問題解決を援助していくことが必要です。その場合には、カウンセラーとの一対一の関係(二者関係)によるカウンセリング的方法が有効でしょう。しかし、ある程度回復したら、二者関係から三者(三人)関係、そして社会(集団)的関係へと発展させることが大切です。つまり、カウンセラーとの関係のみでよしとせず、さらにカウンセラー以外の人(クラスメート、教師など)

との関係へと発展する機会を積極的につくる必要があるのです。

そのためにはカウンセリングのテーマは「心の癒し」から「社会的能力の育成」へと変化していかねばなりません。相談室登校から教室復帰へ続く道に立ちふさがる高い壁を越えるには、こうした学校カウンセリングとしての自覚と、スクールカウンセラー等を含めた校内の協力関係が必要なのです。

コーディネーターとしての教育相談係からの提案

スクールカウンセラーや自治体独自の相談員と学校教育の関係が円滑になるためには、その間をつなぐコーディネーター的な人の存在が不可欠です。双方の悩みを理解でき、時に板挟みになったりしながら、二つの世界をつないでいく役割です。スクールカウンセリングを学校教育の言葉で語り、学校教育をスクールカウンセラーの言葉で語ることが求められるのです。

コーディネーターとしての教育相談係から、スクールカウンセラーや相談員と校内の先生方に、次のような投げかけをしてみてはいかがでしょうか。

・相談室登校の生徒たちの「教室復帰期待度」と、その理由を一緒に検討して、担任・学年に説明する。
・教室復帰期待度の高い生徒には、復帰しやすい時期――学期(年)末、学期(年)初め、行事日――に復帰をはたらきかけてみる(はじめは、二〜三日のミニ復帰、一週間の中期復帰など日数限定で)。
・本人の希望する教師や生徒の相談室訪問、活動、指導などを試みる。
・相談室登校生徒による校内奉仕活動(生徒たちの自尊感情を高める)と広報活動(自分たちの気持ちをより知ってもらう)を実施する。

教育相談係でなくとも、まずは気づいた先生が、相談室登校をしている子どもにかかわる大人の関係づくりを具体的に始めてみることではないでしょうか。それが連携の第一歩です。

担任とカウンセラーの連携がうまくいかないとき

子どもと同時に、かかわる先生方の「よさ」が引き出されるような学校カウンセリングを

つらかった一年間

Ｓさんはカウンセラーになって二年目、まだ学生らしさが残る若い女性です。目に涙を浮かべながら、派遣された小学校でのつらさを語るのでした。

「カウンセラーとして教育委員会から小学校に週二日派遣されていますが、担任の先生とよい関係がつくれません。それればかりか、『あなたのような人に来られると、仕事ばかり増えて迷惑するのよ』と露骨に言われたり、意地悪としか思えない態度を示されたり……。

中には協力的な先生もいるのですが、〝針のむしろ〟に座る思いの日々も少なくありません」

派遣された小学校での役割は二つありました。週二日の勤務のうち一日は、多動で教室を飛び出したり授業とは関係のないことを突然叫んだりしては授業をかき乱す男児のいる二年生のクラスに、学級担任の補助として入ることです。もう一日は校内のカウンセリングルームで、来室する子どもや保護者の相談に当たることでした。

二年のクラスの担任のT先生は、校内で最年長の女性教諭だったのですが、なぜかはじめからSさんに批判的で厳しい態度でした。

T先生のクラスの授業補助は、その男児の保護者の願いもあり、校長先生から指示されたことです。T先生も十分理解しているものとSさんは思っていました。しかし、事前に学級担任と保護者、校長との間によく話し合いがなされていなかったらしく、Sさんがクラスに入って補助的に動くことを、T先生は直前まで知らなかったようでした。

プライドの高い先生ですから、保護者の希望とはいえ「補助」されることが受け入れがたかったのかもしれません。Sさんには、T先生が自分の存在を迷惑に感じているのがすぐわかりました。Sさんの心を傷つける言葉や態度が露骨に向けられたからです。

T先生にはじめて会ってあいさつしたとき、「私は専門家からアドバイスを受けたいだけなのよ」「どうせ来るなら、もっとベテランの専門家が来てくれればいいのに」「あなたのような若い人に来られると仕事ばかり増えて困る」といった言葉が、次から次へとSさんに向けられました。

当惑したSさんがこのことを校長先生に報告すると、女性の校長先生は、「私の言うとおりにしなさい」と言うばかりです。はじめから学級担任のT先生と校長先生との板挟み状態でした。

これから何をどうすべきかをT先生は指示してくれません。こちらから尋ねても「自分で考えるのが専門家でしょう」ととりあってくれないのです。Sさんは多動の男児の隣に座って、自分なりに何とかその子が授業に参加するようにはたらきかけましたが、今度はT先生に、「あなたの声がうるさいのよ。あの子一人だけのクラスじゃないのよ」と叱られてしまいました。

こうした嫌みや意地悪とも言えるT先生のさまざまな言葉や態度をがまんしながら、Sさんは自分の役割を果たそうとしました。悲しみや無力感や徒労感、自信喪失などにとらわれるとき、いつも励まされたのは、問題の多動の男児が「S先生、S先生」となついてくれたこと、相談室にやって来る児童たちが何かと自分を慕ってくれたことでした。

学校カウンセラーと教師の間に横たわる問題

途中で何度も「辞めよう」と思ったSさんでしたが、何とか一年が終わりました。次年度のことはまだわかりません。カウンセラーの仕事がこのまま継続になるのか、クラス替えや担任交代があるのか……。でも、今後同じような状況が生じたとき、自分はどのように考え、どのように対処していけばよいのかを自分なりにつかみたいと、私に助言を求めてきたのでした。

Sさんの話を聞いて、私はこのケースには次の四つの問題があると思いました。

⑴ カウンセラー導入以前の校内の問題
⑵ 学校の組織上の問題
⑶ T先生個人の問題
⑷ 学校カウンセラーとしてのSさんの問題

がありませす。

(1) カウンセラー導入以前の校内の問題

校内の教員間で未解決の問題や葛藤状態にある問題が、教員以外の人に転移されることがあります。

T先生の頑なな態度や感情むき出しの露骨な言葉に、おそらく校長先生をはじめ他の先生方も十分に問題を感じていたに違いありません。男児の保護者も同様の問題を感じたからこそ、わが子に〝もう一人の先生〟がつくことを求めた可能性もあります。

一方、カウンセラーが自分の授業に入ることは、専門家からは助言しか求めたくないT先生にとっては、自分のプライドを傷つけられることでもあったに違いありません。こうした行き違いや葛藤は、事前に教員間で何度も話し合いを重ねて少しでも歩み寄っておくべきだったのですが、結局は解決に至らないままSさんを迎えることになってしまいました。

このようなときには、双方が互いに対して怒りをがまんしている分だけ、その怒りが第三者に転移しがちになります。結果的に、ことの経緯を何も知らないままカウンセラーとして赴任したSさんに怒りが転移されることになりました。

このような場合、学校としてはどうしたらよいのでしょうか。

率直さと正直であることが、問題を最小限にしていくはずです。

カウンセラーのSさんは、週二日勤務という限られた時間ではありますが、子どもたちの心にかかわる大事なメンバーです。これまでの経緯の概略だけでも伝えておくことで、Sさんなりの心がまえができたのではないでしょうか。今回のようにカウンセラー導入以前の問題が知らされないまま仕事につくと、カウンセラーにとっては戸惑うことばかりの毎日になってしまうのではないでしょうか。

(2) 学校の組織上の問題

カウンセラーとの窓口となる先生、校内の生活指導や学校教育相談のとりまとめとして動く先生、校外の関係機関との交渉に当たる先生……といった子どもの心の支援体制が組織的につくられていることも大切です。

Sさんの学校では、窓口は唯一校長先生でした。しかし、校長先生は同性のT先生より年下で、(Sさんの印象では)互いがかかわらないようにしているように思われました。

SさんはT先生の非協力的な態度に出合うたびに校長先生に相談していましたが、校長先生はあまりとりあおうとはせず、やがて「忙しい」「あなたのためにだけ時間をさけない」

などとSさんを避けるようになりました。

問題を持つ子どもをたくさん把握している養護教諭とは、話し合う機会もありませんでした。Sさんの場合、わずかに教頭先生だけがの相談活動にいろいろ配慮してくれたとのことでした。

個人的な対応では限界があるからこそ、カウンセラーという外部からの人材が学校に入ることになったのです。閉じられた学校、個人の負担に頼る指導からの脱皮が必要なのです。

(3) T先生個人の問題

T先生の個人的な問題を指摘することは簡単です。あるいは、「どの学校にもそうした意地悪な先生はいる」とあきらめてしまうことも。Sさんも「先生なのにひどいことを言う」と思っていたことでしょう。たしかにお話を伺うと、よくこれまでがまんしてきたと思います。自信喪失の一歩手前まで行きながらよく持ちこたえたとも思いました。

しかし、これからもT先生のような人との出会いがあるかもしれません。カウンセラーとしてどのようなかかわりが考えられるのでしょうか？

私は中井久夫先生のこんな言葉を思い出します。

「世の中に善人も悪人もいないと思う。余裕のある人と余裕のない人の違いだけがあるのではないか」

しかし、現実にはどのような仕事でも余裕を持ってやれるものはなく、だれもが自分のぎりぎりのところでやっているのではないでしょうか。それゆえにこそ、相手が心に少しでもゆとりを得られるようにはたらきかけることが大切だと思うのです。

孤立し、批判され、活躍の場がなくなると、人はだれでもゆとりを失い、頑なになるものです。欠点が出やすくなるのです。だからこそ、自分一人でもその人が心にゆとりを抱けるようにかかわれば、その人の長所が発揮されやすくなるかもしれないと考えるのです。

この場合には、T先生のこれまでの教師としての活躍や力量、個性に、これからどんな光を当てられるでしょうか。あなたなら、T先生の現在の力に見合った活躍の場をどれだけ与えることができるでしょうか。

(4) 学校カウンセラーとしてのSさんへ

カウンセラーとしてはこれからたくさんの可能性を持っているSさん。私はSさんが今後も学校カウンセラーとしてやっていくために次のようなアドバイスをしました。

① 専門用語を振りかざさないこと。先生方には教育の言葉で、保護者には一般的な言葉で、自分が把握した専門的なことを語れるように言葉や表現を工夫すること。

② 学校では一人の子どもにいつも複数の人がかかわっていることを自覚すること。それぞれの「よさ」を大事にし、認め合うこと。

③ 学校は一つの社会であり、大人としての社会性が要求される場所です。礼儀、けじめ、気配り、思いやりを忘れずに。

④ 相手の(先生方の、子どもたちの)時間を大切にすること。

最後に、私はSさんにこんなふうに加えました。

「あなたとかかわることで、子どもたちの「よさ」と先生方の「よさ」がたくさん出てくる――そんな学校カウンセラーになってほしいです」と。

精神的不調に陥った同僚教師とのかかわり

教師の心の危機は「困った問題」として現れがち。その背後にある精神的不調を和らげる初期対応が大切です

教頭先生の訴え

「こちらがどうにかなりそうです」

今年から教頭職についたという教頭先生にお会いしたとき、私もまず教頭先生のことのほうが心配になったくらいに疲れ切ったご様子でした。

一学期の半ば、四年のあるクラスの複数の保護者から、「クラスが荒れている。学級担任の指導力が問題だ」という訴えがありました。さっそく、担任のU先生を呼んで面談した

り、校長先生と授業参観したりして、はじめてU先生が学級経営で悩んで調子を崩していることを知ったそうです。それまではU先生のほうから相談に来ることはなく、学年でも話題になることはありませんでした。

「U先生は四十代後半の女性教諭で、欠勤が多く、登校しても身体の不調を訴え、会議のある日は早退してしまいます。こちらのなにげない言葉に傷ついて落ち込んだりすることもあります。校長は私に『任せる』と言って、自分ではほとんどかかわろうとしません。今後、どのように対処していけばよいでしょうか」

「この学校に赴任して感じたのは、校内でも、同じ学年同士でも、協力したり意見を言い合ったりすることがなく、バラバラであること。管理職と一般教諭とのコミュニケーションがほとんどないことでした」

と、教頭先生は率直に話されました。

U先生をめぐる状況

U先生のクラスには、アスペルガー症候群の児童とＡＤＨＤと診断されている児童がおり、それらの子への対応だけでも大変そうだったと言います。U先生が心身ともにまいっており、授業中立ち歩いたりおしゃべりする子どもたちへの指導が行き届かず、それ以外の子どもたちも授業中塾の宿題をやったり、勝手に本を読んだりと、学級崩壊状態になっていました。

U先生は教育相談の研修にもよく通い、これまでは子どもたちへの指導も熱心で勤務態度も良好とのこと。今年度になって急に欠勤が多くなり、精彩もなくなって心なしか行動もスローになり、落ち込む姿が目立つようになったとのことでした。

こうしたU先生に対して、見兼ねた何人かの先生が授業補助を申し出ても「大丈夫です」と断り続けるなど、学年でこれまでまったく放置されていたわけでもないこともわかりました。しかし、中には、プライドの高いU先生に批判的で、「教育相談のお手並み拝見」といった冷ややかな態度で見ている教諭がいることもわかりました。

U先生への初期対応——その1

私には、もう少しU先生の気持ちや現在の様子を把握することが必要だと思われました。

教頭先生には、時間を長めにとってU先生の言葉に耳を傾けることをすすめました。
U先生のような精神的不調に陥った先生と面談する際の留意点をあげておきましょう。

(1) 面談に呼び出すときの配慮

・他教諭に気づかれないように呼び出す

・「〜の件でお願いしたいことがあるのですが」と他の用件から入ることもあってよい

U先生のプライドを考慮します。U先生はプライドの高さが苦しみの一因でもありながら、反面そのプライドがあったからこそこれまでの困難に耐えてきた――そんな矛盾を抱えています。プライドが最後の砦となっているとも言えます。

したがって、救いの手を差し伸べる際には、自分がみじめで情けない状態に陥っていると思い込ませないような配慮が必要です。

(2) 切り出しの言葉

・相手の健康を気遣う言葉から入るとよい

「お身体はいかがですか。少しお疲れなのかなあと気になったものですから」「クラスの子どもたちはいかがですか。何人かけっこう手のかかる子どもがいるようですが、先生のお身体が心配で」などといった言葉です。

「〜なので非常に困っています」「あなたらしくないですね」といった批判や非難は禁物です。相手の心にさらにダメージを与えることになるからです。また、はじめから「まいっていませんか」「元気がありませんね」と精神的なことから入ると、もっともつらい話題をダイレクトに突くことになってしまいます。

(3) 容易に心を開かない場合

・こちらの気持ちを伝えておくだけでもよい

本人にとって重大な問題ほど簡単には話せないものです。こんなときには、「勝手にしろ」「放っておくしか仕方がない」と投げ出すのではなく、管理職(同僚)として心配していることと、何か力になれることがあれば遠慮せずに言ってほしいことなどを、伝えておくだけでもよいのです。時間を経てまたはたらきかけてみましょう。最低三回ははたらきかけてみることをおすすめします。

⑷　一気に話し始めたとき

・とにかくよく聞く。聞いてもらうだけで心がリフレッシュされる

次から次へと言葉があふれ出てくる場合があります。しかし、話の内容は一方的で、事実関係や人間関係、時間関係などが錯綜している場合もあります。中には明らかに誤解と思われることを語っているケースもあるかもしれません。聞いている自分のほうが耐え切れず、ついさえぎって誤解を正したり、反論したりしたくなるようなときはどのようにしたらよいでしょうか。

相手が元気な人であれば、時に反論したり、意見を挟んだりして対話が進むことでしょう。しかし、相手が精神的不調に陥り心にゆとりがないと、防衛的攻撃とも言えるものにとらわれたり、現実を検討する力が落ちてくるために事実誤認が生じやすくなったりします。論争は不毛です。それよりも心の中に澱んでいたものを吐き出すだけで人の心はずいぶん軽くなると信じ、相手の心の中のお掃除を手伝うつもりで耳を傾けるのです。カウンセリングでいう「積極的傾聴」です。

じっくり耳を傾けるためには、こちら側にいくつかの条件が必要です。①時間にゆとりのあるときに面談する、②相手の話を批判したりせずに、まず相手のありのままを受け入

れる、③自分の価値観や行動基準などをいったん脇に置いておく、④言葉遣いや言い回しにとらわれず、「どんな気持ちがこれまで溜まっていたのだろう」と相手の気持ちを思いやりながら聞く、などです。

⑸　他教師への批判や非難になるとき

・巻き込まれないこと

「あなたにも非がありますよ」などとやり合ったり、反対に相手に同調しすぎたりしないことが大切です。

「その点は調べてみましょう」と間を置いたり、いま相手がとらわれている気持ちや感情に焦点を当て理解するよう心がけます。

U先生への初期対応——その2

アドバイスをふまえて教頭先生はU先生と面談をしました。教頭先生のこまやかな配慮が実ったのでしょう。U先生はご自分の気持ちや状況をずいぶん語られたそうです。その中で、U先生の側に次のような問題が生じていることもわかりました。

・半年前に夫がリストラにあい、失職し、経済的負担がU先生にかかるようになった。
・二浪していた長男がまた大学受験に失敗し、家に引きこもりがちになってしまった。
・行きつけの内科医からは精神科クリニックをすすめられている。

学級崩壊のために精神的不調に陥ったのか、心労からの不調が学級崩壊をもたらしたのか、何とも言えない状況といえます。学校だけではなく医療面でのサポートが欠かせない状態と判断されました。

U先生の置かれた状況を学校も家族もみんなが分かち合い、みんなでU先生を支えることも必要と思われました。そこで再度私のところに相談に訪れた教頭先生とともに次のような対応策を立てました。

① 校長先生へ——問題を共有し、学校の最高責任者としてU先生の問題にかかわってもらう。

② U先生へ——身体が一番大切、しばらく休むことを提案する。「自分の身体をよい状態に管理することも能力の一つ、他人に救いを求めることも能力の一つ」であることを伝える。

教師が陥りやすい心の疾患のサイン（菅野　1999年）

［うつ状態］
□元気がない
□疲れやすい
□興味や関心がなくなる
□頭痛や頭重感、倦怠感を訴える
□食欲がなくなる
□苛立ちやすくなる
□話の輪に加わらず一人ぽつんとしている
□提出物などの期限が守れなくなる
□自信がなくなる

［不安障害］
□わけもなく身震いが起こる
□居ても立ってもいられなくなる
□疲れやすい
□息苦しさ、発汗、口の渇き、めまい、吐き気、頻尿、腹痛などの身体症状を訴える
□何かに緊張し続け、過敏である
□集中力に欠ける
□ひどく驚いたりする

［そう状態］
□注意散漫、落ち着きがなくなる
□やたらとしゃべり、動き、大言壮語する
□意欲的だがどこかズレている
□無遠慮で失礼な言動をとる
□つまらないことで喧嘩する
□上機嫌と不機嫌の落差が激しい
□批判的、攻撃的になる
□気が大きくなり乱費する
□次から次へと取り組もうとするがまとまらない
□物事を誇大的に語る

［統合失調症（これまでの精神分裂病）］
□以前に比べると人間関係のトラブルが増える
□仕事の能率がひどく落ちる
□同僚や管理職を避けたり、黙り込んだり、席を不意に立ったりする
□簡単な質問や話の内容を取り違える
□表情が乏しくなり奇妙な表情をしたりする
□身だしなみに気を配らなくなる
□周囲の人が自分の悪口を言う、と訴える
□ありもしないことを確信を持って言い出す
□自分の考えがみんなに伝わってしまう、と言う
□理由不明の外出や徘徊が目立つ
□ブツブツ独り言を言ったり、ニヤニヤ独り笑いする

③　U先生の家族へ――U先生とともに配偶者の来校を請い、U先生の症状への理解とサポートを求める。学校側の考えも率直に伝える。

④　校内へ――校内への伝え方をU先生と相談し、U先生が納得するような表現で事情を伝える。クラスの子どもと保護者にも同様の配慮をして伝える。

＊

今後、先生方の精神的不調に少しでも早く気がついて対応できるように、右頁に一覧表を示しておきました。

職員室の重苦しい雰囲気を変えるために

まずあなたが、先入観を持たず、相手を信じて投げかけること
——その小さな波紋がいつしか校内を動かすのです

校内の教師集団に向けたはたらきかけは？

養護教諭を小学校と中学校で経験されて二三年というR先生が、わざわざ相談に来られました。これまでも教育相談の研修会によく参加され、学校全体を見渡す広い視点に立って地道に活動されてきた先生です。

「現在は小学校に勤務しています。この春、異動した学校は、これまで体験したどの学校よりも難しいと感じています。子どもたちもそれなりに問題を抱えていますが、それ以

上に教師たちの雰囲気がぎくしゃくしているのです。昨年度までの教頭先生は心身症(?)で休職、各学年の教員に最低一人は心身の故障者がいます。転任したばかりの私にも何かできることはないでしょうか」

ある小学校の実態

R先生の相談に応えるために、私のほうからもいくつか質問しました。

質問　もう少し学校の様子を教えてください。

R先生　まず職員室の雰囲気が重苦しいというか、これまでいた学校のように笑い声が起こったり、みんなで食事に行くといった楽しい話題がまるでありません。だれかが冗談を言っても、しらーっとしているのです。

昔から管理職と一般教諭の間に溝があったらしく、まだそれを引きずっているように思います。校長室に気軽に入っていく先生はいません。校長室には絨毯が敷いてあり、入るにはいったん上履きを脱いで校長室専用のスリッパに履き替えるんです。「校長は上ばかり向いている」といった不満は毎日のように聞こえます。

校長先生もそれなりに力のある人ですが、直接児童とかかわるよりも、パソコンに打ち込んだ児童の情報ばかり見ていることが多く、私と一緒に赴任した教頭先生も板挟みになることが多いようです。

教員の中も微妙に分裂していて、表面には見えない力関係がその奥にあるように思います。長年勤めているある先生が「陰の校長」とも言われ、管理職の言うことを平気で無視するとも聞きました。

質問　他の先生方は、こうした学校の状況をどのように思っているのでしょうか?

R先生　おそらくどの先生もいいとは思っていないでしょう。でも、どこからどのように改善したらよいのか、根が深いだけに無力感に襲われるみたいです。多くの先生は勤務時間が過ぎるとさーっといなくなります。会議の途中でさえ勤務が終わったと退出する先生もいます。次から次へと強気の管理職が赴任するのですが、前の教頭先生のようにうまくいかずに心身症になったり、短期間で異動してしまうこともあるようです。

質問　そうした影響が肝腎の子どもたちに出ていませんか?

R先生　これまでも学年を問わずに学級崩壊状態になるクラスがあったらしいのですが、問題は学年や学校体制を整えて対応することがないために、すべてがクラス担任個人の責任にかかってくることです。一方で不登校児童、他方で荒れる児童、そして連絡が容易にとれない保護者や集団で苦情を言いに来る保護者……それらに孤立無援状態で担任が対応しなければならなかったようです。

いま心身に不調をきたして休みがちな先生方は、みんな同じような経過をたどっています。

質問　スクールカウンセラーなどは配置されているのですか？

R先生　市採用のカウンセラーが週一日、そして学生さんが二人、カウンセラー補助という形でそれぞれ週一日ずつ来ています。でも、窓口が統一されておらず、生徒指導主任、教育相談係、教頭、校長それぞれから別々のことを言われるので戸惑っているみたいです。私としては、そのあたりの整備を教頭先生にはたらきかけてみようかと考えているのですが。

＊

もちろんマイナス情報だけでなく、プラスの情報もありました。

R先生と同じように校内のあり方に問題を感じている先生が何人かいるようです。いまはかつてのような管理職対組合という問題もだいぶ変わり、穏やかになっているとのことです。また、昔からの地域のため、学校に愛着を感じ、何とかよい学校にしていこうという保護者も少なくないということでした。

何よりも、洗練はされていないが素朴な味わいのある子が多く、教師の投げかけ方次第でずいぶん違うのではないかということでした。

教師集団の精神的健康

個人の能力や努力ではどうにもならない問題があります。このR先生の学校の場合も、それぞれの先生方が怠慢なわけでも、能力や性格に問題があるわけでもありません。個人の問題ではなく、所属している集団に構造的に問題が生じているのです。

人の心に健康と病気があるように、集団にも健康な集団と不健康な集団、さらには病的な集団があります。

「病的な集団」というと、真っ先に思い浮かぶのはカルト集団です。集団に属している一人ひとりは問題がなくとも、集団が病んでいることでとんでもない出来事に巻き込まれてしまいます。はたからは奇異に見えることでも、病んで閉じられた集団内部にいる人間にとっては普通かつ正しいことで、逆にそれを批判する人のほうが「悪魔の化身」「煩悩の輩」

のように見えてしまうからです。

しかし、こうした一部のカルト集団だけが問題を持つのではなく、普通に存在するどのような集団でも、閉じられてしまうと個々人の持つ力がマイナスに作用し、さまざまな問題が内在するおそれがあります。教師集団も例外ではありません。

・転任してきた教師が孤立し、ノイローゼ状態になり、休職に追い込まれたり、早期に異動したりしてしまう。
・管理職の苦労が並大抵ではなく、心身症に陥る例が少なからずある。
・保護者や地域の学校不信感が長年にわたって存在する。
・新卒で赴任してきた教師がうまく育たない。
・子どもの事故や事件、保護者とのトラブル、教師間のトラブルなどがきわめて多い。

以上のような問題がよく生じる学校は、何らかの意味で病理を抱えているのかもしれません。

教師集団の精神的健康度をはかるチェックリスト(表1)と、その基準(表2)を私なりに考えてみました。試案ではありますが、あなたの学校はどのくらい当てはまるでしょうか。

表１　教師集団の精神的健康度チェックリスト

□互いのあいさつや感謝の言葉など元気を与え合う言葉が聞こえない
□机上の整理などきちんとしているが雰囲気が窮屈すぎる
□一つの問題が生じると、それに付随してあとからあとから問題が噴出してくる
□毅然とリーダーシップをとる人がいない
□管理職と一般教諭が完全に分かれ、教師たちは校長室に入ろうとしない
□教師集団が男女ではっきり分かれ、助け合いが少ない
□表面には見えない陰の集団があり指揮系統が複雑である
□教師集団がいくつもの小グループに分裂している
□一度決まってしまうと容易に修正されず、不合理なことでも無批判に続けている
□子どもや保護者の声に耳を傾ける姿勢がなく、独善的である
□保護者や地域に対して閉鎖的で、校内で生じた事故などの情報が容易に開示されない
□全体的に無気力で無力感にとらわれている
□新しいことにチャレンジしようとしない
□学年間や教師間、あるいはその他の教師集団の壁が厚く、互いに非難し合うことが多い
□皆で長い時間かけて論議したことも、だれかの一言で覆ってしまう
□孤立する教師、いじめにあう教師が常にいる
□指導や理念をめぐる意見で歩み寄ることがない
□職員旅行やレクリエーションなどに参加する教師が少ない
□賭事や遊興に走る教師が多い
□だれかが何かに取り組んでも、「お手並み拝見」と冷ややかな目で見ている教師が多い

表２　結果の見方

段階	☑の数	健康度診断
健全	0～5	かなり健全であり、今後も0に向かって努力したい。
やや健全	6～10	いまの段階で問題の改善を積極的に試みる必要がある。
要注意	11～15	このままだったら集団としての機能がマヒする。要注意。
危機的	16～20	危機的状態。力を合わせて集団の崩壊を防ぐ。

何から取り組めばよいか

R先生が自校についてチェックしてみたら、☑は一五で、かろうじて「要注意」レベルでした。

こうした評価を検討したりしながら、私がR先生と一緒に考えた行動案とその結果を紹介しましょう。

① 心ある先生にミニ事例研修会を呼びかける

保健室から見て気になる子どもについて、事例研修会を始めました。この学校では久しく子どもについての事例研修会が行われていなかったので、はじめは有志だけの小規模な会を企画しました。教頭先生はじめ数人の先生から始まった会でしたが、どんどん参加者が増え、校内研修会に発展していきました。

さまざまな立場はあっても、子どもの問題は共通の話題であることを確認しました。観念的な水かけ論の繰り返しを何とかしたいと多くの先生が思っていたことがわかりました。以前は、自分の指導を責められるのではないかと事例を出す先生がいませんでしたが、次第に率先して出されるようになりました。

② ロール・プレイングなど実習を取り入れた研修会を実施する

講師に、構成的グループエンカウンターを含めた実習的な研修を依頼し、久しぶりに教師集団に笑いがよみがえりました。職員室では見ることのできない互いの素顔を知る機会でもありました。

③ 風通しのよい校長室に

〝専用スリッパ〟をなくし、上履きのまま入れる校長室にしてもらいました。「入りやすい校長室」は「出やすい校長室」でもあることを、その後の校長先生の行動は示してくれました。休み時間などに子どもたちに声をかける姿が多くなったのです。

④ 「陰の校長」を明るみに

教頭先生の提案で、これまで表では活躍の機会があまりなかった「陰の校長」から、その先生にしかわからない地域へのはたらきかけの方法や、過去の実践例などを学ぶミニ研修会が何度か設けられました。含蓄のある話は感動的でもありました。

先入観にとらわれずに

Ｒ先生が相談に来られて一年が過ぎる頃になると、Ｒ先生の学校がずいぶん変化してきたことがわかりました。「学期末の懇親会は病欠の先生を除いてほぼ全員参加しました」といった報告がよく来るようになったからです。

ポイントはＲ先生の先入観のなさでした。たしかに狭い教員世界では、それぞれについてのさまざまな情報が飛び交います。しかしＲ先生は情報は耳にしても、それにとらわれることなく、相手を信じて向かっていく先生でした。いつも報告は、新たに発見した「○○先生の〝よいところ〟でした。一人の教師の、相手を認め、信じて、積極的にかかわる姿勢が、それぞれの先生の中に眠っていた「教師心」を引き出したのです。

参考文献　菅野純ほか『ＫＪＱ先生用マニュアル』実務教育出版、二〇〇二年

あとがき

現在の私の活動のなかで多くを占めているのは、学校教育とのかかわりです。まず、大学では、「学校カウンセリング」という授業をここ一七年、毎年行っています。受講生は、前・後期合わせて六〇〇名ほど。私たちの学部では、eスクールと言ってインターネットを使った通信教育も行っています。そちらの受講生も毎年一〇〇名ほどいます。学部、大学院、通信制のゼミでも、テーマの多くは教育上のテーマです。そうした授業やゼミのほかに、大学院生の教育臨床実習の指導があります。集団と個人へのスーパービジョンを月に何度も行います。

そのほか、東京の多摩地区や武蔵野地区のいくつかの市で、不登校児童生徒を対象とした情緒障害学級と教育相談室のスーパーバイザーもしています。また、神奈川県相模原市と東京都八王子市で、誰もが参加できるスーパービジョン中心の研究会を隔月ごとに行い、それも一八年続いています。その他、時間が許すかぎり各県や各市町村、そして小中高校で開かれる教育相談研修会にうかがっています。

心理学を専攻しながら、私はなぜかくも学校教育にかかわるのか？　かつて自問したことがあります。結論から言うと、私自身が「学校（先生）のよさ」をたくさん体験して成長したことが大きな原因ではないか、とそのとき思いました。

前著『子どもの心を育てる「ひとこと」探し』（ほんの森出版）にも書きましたが、私は必ずしもスムースな学校生活を送ったわけではありません。小学校二年生までは、教室でしゃべらない緘黙児でした。小学校高学年から中学のはじめにかけては、心がすさんで上級生とケンカしたり、級友を殴ったりしたこともありました。しかし、幼稚園以来出会った多くの先生方が、陰に日に私を見守り、今で言うと「キレ」そうな私の心にエネルギーを与え続けてくれました。いまでもそのときどきの先生方の言葉の響きを思い出すことができます。

ストレートに教師の道に進まず、心理学を専攻するようになったのは、思春期以降の紆余曲折した模索の結果でもあるのですが、結局は学校教育に近い場所に戻ってきた自分に気がつきます。

教育相談の道を歩みだしてから、私はこれまで幼、小、中、高のさまざまな先生方と出会ってきました。多くは私が「講師」という立場だったりするのですが、実は私が学校の先生方から多くを学んできたのでした。先生方から出される子どもたちの事例、相談や質問、疑問などから、私の現在がつくられたといっても過言ではありません。私がいくら努力しても出会えない数多くの子どもたちが、先生方と私の間に存在し、私は、先生方が語り先生方の心に存在する一人ひとりの子どもたちと出会うことができたのです。

本書は指導に悩む先生へのアドバイスという形式をとっていますが、私自身がこれまで歩み学ぶことができた教育相談の知恵を確認するものでもありました。そんな私のささやかな歩みが、読者のみなさんに少しでも伝わればと思います。

前著に引き続き、連載された原稿を一冊の本に導いてくださいましたほんの森出版発行人の佐藤敏氏に、心よりお礼申し上げます。また、相模原での研究会に編集者として毎回のように参加され、まさに共感的に先生方や保護者の声に耳を傾け続けた本書の生みの親、兼弘陽子氏に心より感謝申し上げます。

恩師、小泉英二先生のご健康を祈りつつ。

二〇〇五年　秋

菅野　純

＜著者紹介＞
菅野　純（かんの・じゅん）

1950年、宮城県生まれ。早稲田大学教授。早稲田大学人間科学学術院学術院長補佐。臨床心理士。臨床心理学、発達臨床心理学専攻。

1973年から14年間、東京都八王子市教育センター教育相談員として、２歳から20歳までの子どもたちの様々な問題の相談業務に従事する。1987年から早稲田大学人間科学部教員として、学校カウンセリング、教育臨床、臨床と文化などの授業・ゼミを指導。並行して東京都・神奈川県の教育相談機関や情緒障害学級のスーパーバイズや学校のコンサルテーションを行う。

主な著書に、『子どものこころを育てる「ひとこと」探し』ほんの森出版、『子どもの見える行動・見えない行動』瀝々社、『教師のためのカウンセリングゼミナール』『反省的家族論』実務教育出版、『教師のためのカウンセリングワークブック』金子書房、などがある。

子どもの問題と「いまできること」探し

2005年９月30日　初版　発行

著　者　菅野　純
発行人　佐藤　敏
発行所　ほんの森出版株式会社
〒190-0022　東京都立川市錦町2-1-21-501
☎042-548-8669　FAX 042-522-1523
http://www.honnomori.co.jp

印刷・製本所　研友社印刷株式会社

 ISBN4-938874-49-0 C3037